沙城纪事

重庆市江津区作家协会 编
重庆市白沙文化旅游发展管理有限公司

中国文联出版社

图书在版编目（CIP）数据

沙城纪事 / 重庆市江津区作家协会，重庆市白沙文
化旅游发展管理有限公司，编 . -- 北京：中国文联出版
社，2021.6（2023.1 重印）
ISBN 978 - 7 - 5190 - 4582 - 1

Ⅰ. ①沙… Ⅱ. ①重…②重… Ⅲ. ①文化史—重庆—文集
Ⅳ. ①K927. 194-53

中国版本图书馆 CIP 数据核字（2021）第 113002 号

编　　者　重庆市江津区作家协会　重庆市白沙文化旅游发展管理有限公司
责任编辑　周小丽
责任校对　赵海霞
装帧设计　中联华文

出版发行　中国文联出版社有限公司
地　　址　北京市朝阳区农展馆南里 10 号　　　　邮编　100125
电　　话　010 - 85923025（发行部）　　　　85923091（总编室）
经　　销　全国新华书店等
印　　刷　三河市华东印刷有限公司

开　　本　710 毫米×1000 毫米　　1/16
印　　张　14.25
字　　数　203 千字
版　　次　2023 年 1 月第 1 版第 2 次印刷
定　　价　75.00 元

目录

目

录

第一章

上川江的银沙地域

金沙沉积号白沙

长江，祖国第一大水，发源于青藏高原，浩浩汤汤，出山入海，天仁地厚，茫茫九派。

母亲河长江全长 6300 千米，流域面积 180.85 万平方千米。白沙所处的川江是长江主流的上游，青海玉树以上称通天河，长 813 千米。由玉树至白沙上游的宜宾长 1918 千米，称金沙江，由此进入四川盆地，流经白沙，经重庆出夔巫大三峡而至湖北宜昌长 1020 千米，统称川江。

川江，在古代又称江、江水或大江。唐代以来，由川江进入蜀地是主要路线，所以又称川江为蜀江。由于唐朝都城取水路绕道入蜀，要由汉江转入，所以又笼统地把川江称为汉江。在唐人的地理概念里，称谓被不断刷新，嘉陵江被称为东汉江，从重庆上溯白沙路线的川江，称为西汉江。其后，发现该称谓与地理实况不能相符，于是把由今重庆经白沙进入蜀地的川江称为蜀江，其下段通向今宜昌的川江称峡江。这是上川江与下川江称谓的前身。从称谓的频繁变更，可见唐朝时期长江水道舟楫往来的景象。这是富庶而华贵、融合与开放的唐朝风度，浸润了母亲河长江水流星影的唐诗，实在太多太多。

上川江的称谓凝固以后，白沙这片临江宝地，因母亲河亿万斯年运载金沙的沉淀而在祖国西南放射耀眼的银色之光。今宜宾至重庆江段为上川江，全长 370 千米。处于上川江之滨的白沙镇，从古代到当代，均拥有上川江流程的相当份额。宋代中叶建置的白沙镇，西抵上川江进入今重庆市境的史坝沱，东至川江第一峡的龙门峡，拥有上川江流程近 100 千米。今日之白沙镇，古镇域被上游的石蟆镇和下游的龙华镇分割了川江水域，拥有川江航道 60 千米。川江养育着白沙，是古往今来未曾变更的格局。

1987年10月版的《四川省地名录丛书·江津县地名录》载，长江流经此地，形成一个河湾，江岸河沙在阳光下呈白色得名。这个记载，是对前人著述的继承，稽之实地，常读常新。

白沙，因为川江而起的地名，首先反映的是地理自然现象。她无声地解读了白沙地理的成因，演绎了川江的《山海经》与《水经注》。其次更是一种社会文化现象。白沙作为表称地点的文化符号，地名之中积淀了丰富的历史文化内容，白沙从一个特定的侧面记录了人们的社会实践活动，是活跃的文化细胞，组成一道道文化脉络。白沙，上川江的银沙地域，前人对其地名的命名打上了出生地之自然的和文化的胎记，体现了自然与人文的交融。

白沙，可谓是川江地理的一种文化遗产，激活了从地理的角度认知川江的一种探求、一种历史、一种美感。恒河沙数，经年累积。白沙地域闪烁着银沙的金沙，来源自上游的金沙江。造物主亿万斯年的韧性，总是给人类无尽的启迪。

探求白沙地理，应该对金沙江付出一点笔墨。金沙江在战国时期的地理著作《禹贡》中，被称为黑水，郦道元的《山海经》中称之为绳水。三国时期称为泸水，诸葛武侯平定战略后方，"五月渡泸，深入不毛"。《水经注》是首次对金沙江水系做了描述的地理专著，但未能言明金沙江与长江干流的关系。明代地理学家徐霞客经过实地考察后提出"推江源者，必当以金沙为首"，从而确认了金沙江作为长江上源而纠正了自《禹贡》以来"岷山导江"延续两千年的谬误。但是以讹传讹的习俗有着不可低估的能量，因"岷山导江"说，以岷江作为长江古称的说法，一直延续到清朝末年才正本清源。

白沙川江上游的金沙江还有丽水等别名。沿河盛产沙金，古有"黄金生于丽水，白银出自朱提"的说法。金沙江的淘金热应该兴旺于宋代，在这场西部淘金潮中，两岸涌入大量淘金人，地理笔记里遂有了金沙江之称谓。《金沙江口号》诗曰："江人竞说淘工苦，万粒黄沙一粒金。不识官家金铸槛，几多黔首失光阴。"

大江日夜流。金沙江的金沙顺流而下，总是在寻找停驻的江域。流过白沙的上川江江段，就是天造地设的沙金停驻江段。清光绪末

《江津县乡土志》有关沙金的记载："岷江流贯津地三百余里，其源导自金沙雅砻邛雅，故沙金随在皆是。每于冬间，江水消退，两岸石宝坝出现时，居民用竹竿三根，叉成三脚，另用木盆悬挂叉上，采取石宝底下河沙，人力推摇，随注水泻，旋将河沙倾去，其金自着盆底槽中，以水银沾裹取出，用火微烁，即成黄金，质良而成色亦佳。"这段有关淘泻沙金的记载，比上引《金沙江口号》诗良多趣味，淘金乃亦俗亦雅之事，记淘金工具与淘金过程，文雅中间以江津白沙土话，如石宝即滨江而居的白沙人常说的鹅石宝雅称鹅卵石，颇接地气。就在三十多年前，水落石出之季，白沙西河坝一带，依然有淘金人士群集而至，大有淘金热之势。坝上砂砾淘尽了，即从江中捞取河沙淘泻。其鉴定河沙含金量之法，驾一平底小木船，用竹篙撑动，缓缓沿滩边逆水而上，撑船人凝神屏息于船底水响，若船底发出如热锅煎油爆鸣之声，则河沙含金量富，则捞取河沙就坝上淘泻。若水声无此爆鸣杂音，则沙金稀少。淘金人此法，利用摩擦发声辨沙金原理。白沙淘金文化如金粒散落于一抹黄沙之中，而今言文化为时髦，而打捞此类民间文化者鲜矣。

银沙沉积的水文环境

回到白沙江段利于沙金停驻话题，先从川江流逝的大轮廓来打探。弯曲平缓的江段，是停驻沙金的基本条件。在江津地域里，川江演绎了壮景"长江九曲"，其中五曲是在古代的白沙镇域内。

每年端午节磨刀水涨过，昭示流经白沙的上川江进入汛期，一直到农历九月落潮。这个时段里，空际飘浮着丝丝缕缕的马尾丝云，把长天牵扯得碧蓝如绿玉，广袤原野禾稼林木疯长，大地成为绿原，长江之水随着节令也是一个劲地疯涨，地之上天之下，水汽氤氲。合着时令选择天气疯热、蝉儿疯唱的正午，登临白沙西南人高山最高处引颈送目，长天寥廓，原野如洗，大河如带，"长江九曲"壮景就揭开了序幕。

天朗气清时节的妙高之台人高山，视野可以送出百里之外。顺着长江流向，西南边最远处一脉白云像弯弓一样袅浮着，为"长江九曲"第一曲，即大江进入石蟆走向石门峡口之前的河口弯曲江段。长江进入石门峡口后，隐没不见，接着在抵近白沙镇街时蓦然冒了出来，由西北方位流向东南方位，流向中做出转向东北的姿势，突然闯进森森水汽里，再度隐没不见。这是第二曲，水汽蒸腾处，是白沙东海沱。江水由此转向东北流，有高占一带的岸际浅丘遮挡。江水在平缓的河谷里流转，完成转折后，由西南方位冒出头来，陡然一跌宕，抖出北岸的金刚沱来，到此完成第三曲。

完成第三曲的长江，江与岸在视野里再次清晰。过金刚沱后，江水像壮士挥出的倚天长剑，斜斜刺向苍穹。此时江流是东北流向，北岸油溪镇边的华盖山主峰，雄沉如托塔天王，逼得壮士的倚天长剑收住了势头，低低地向东南方向落下，完成"长江九曲"之第四曲。此时江水奔流在落差较大的河床里，紧束的江流，呜咽的江声，是为劈开龙门峡蓄积力量。江流在龙门峡江段，像中间小两头大的哑铃，而江天茫茫的雄浑景象，江水劈开龙门峡之后，即刻汇入硕大的江湾，在涛声震天中走完第五曲。这第五曲，声音图像齐全，观景台应该移动到白沙东面屏障鹤山坪，观江景，听涛声，足够欣赏了。从白沙走出的白屋诗人吴芳吉诗云"龙门滩下涛声响"，这是《还黑石山作》里的句子，诗人分明是乘舟归白沙，而著一"下"字，营造了立于高处的意境，正所谓诗家之笔。

再从白沙地域天造地设的川江地理探求。白沙上游有石门峡，下游有龙门峡，石门龙门开合其流，造就了金沙停驻的良好库容。造物主总是不漏掉任何细节。

白沙上游的石门峡，是金沙库容的锁钥关隘。石门峡是川峡有名峡水，石门大佛寺为其名片。成书于明万历年间的《蜀中名胜记》云："对江壁上刊大佛，有大佛寺。大江从西来，委蛇曲折。濯流杯池，漱挑灯石，直注亭下。鸥鹭往来，在烟波杳霭间，清绝不可名状。"川峡就是川江流程的险要紧束峡水，主要包括上川江的小三峡和下川江的大三峡六道峡水。川江西来，在石门大佛寺前进入一个拐点，两岸如削的石山相逼，江面开始紧束，川江开始进入川峡水域。旧时白沙船帮有"西进石门，东出夔门"的说法，可见石门是川峡的锁钥雄关。

石门古名津琨。"津"与川江脱不开干系。"琨"是什么？《说文》云：石之美者为琨。这简直就是石门得名的张本和广告了。大佛寺下面的江中，有巨石形如昂首上行的灵龟，故名乌龟石，枯水季节，可见灵龟蹲踞的江水里，隐约现出石头砌成的一道幽深的门，这也是石门得名的又一地理依据。《蜀中名胜记》载，就在乌龟石同一水域，有挑灯石，水落石出之季，像一串灯笼浮在江面。这片水域堪称川江奇石宝库，它们潜隐在江底，合力鼓涌波浪，将从金沙江运载而来含有沙金的河沙推涌进下游的白沙水域。这是一股神奇的力量，大自然的鬼斧神工，令人叫绝。

白沙下游的龙门峡，又一道金沙库容的锁钥雄关。龙门峡也名龙门滩，上川江第一峡水。唐初陈子昂出川，过此作有《龙门峡》诗，得以进入《全唐诗》，这是江津地域唯一进入唐诗视野的风物。

龙门峡是 20 里江流冲击而成的峡水。川江过此，两岸山峰对峙，众多溪流汇入，形成众水来朝壮景。20 里流程，有油溪、桃子溪、麻柳溪、傍麓溪、沙溪、汇螺江、鱼塘溪、朱家滩溪、大清幽溪、乐施溪等溪河来汇，平均 2 里即有一条溪河汇入长江，是长江流域罕见的地理现象。溪河入江，形成巨大的回水沱，由西而东依次有马家沱、叶子沱、麻柳沱、丁家沱、双漩子，平均 4 里就有一段回水区域。回水沱的回旋沉淀，营造了金沙耀眼的两岸特色，是对上游白沙坝的回应。水落石出之季，这些滩涂沉积的泥沙可以种植早春庄稼作物，银沙之滩的恬淡耕作，与淘金无关，实在奢侈，青葱碧绿浮在江边，良多田园情趣。旧时的川江江津段之上中坝、白沙坝、丁家沱碛坝、德感坝、下中坝，被称为江津川江五坝，前面的三坝，均在古代白沙镇域，在历史天幕下，银光射日而安静平和。

自石门峡至龙门峡的银沙库容的形成，还有两条溪河的功劳不能忽略。这两条溪河，一是塘河，一为驴溪，犹如默默无闻的运沙工人，在白沙地域特色的形成中劳苦功高。

塘河在白沙上游的塘河口注入川江。塘河又名蒲江河、林江河、狮头河。发源于贵州赤水县大娄山北坡红圈子，全长 126 千米，流域面积 1540 平方千米，多年平均流量 31.7 立方米/秒。上游为大漕河，亦称小河，流经四川合江地界后，在江津塘河镇槐花村进入江津境内，流过 26 千米后，在石蟆镇五龙村注入长江。落差 28.28 米，有险滩 130 多处。民谚说："上有难滩，下有独滩，危险三磨在中间，上下节子犹如鬼门关。"难滩乱石阻挡，水流曲折。三磨是三个险滩的合称，此河段河岸连山紧束，第一道险滩像巨大的磨盘石，第二道险滩似巨大的磨嘴石，第三道险滩如巨大的磨墩石，滩滩相连，浑然一体，蔚为壮观。独滩临近长江，汛期河水涌进川江，河水江水汇合，水激浪高，形成壮阔的"塘河潮"。就是这股"塘河潮"，总是每年定期将沉积的河沙，推送到下游的白沙。

驴溪是白沙的母亲河。发源于中山镇蓼叶湾，在白沙镇街西边汇入长江。两岸多梨树，原名梨子溪，后来据说当地居民曾经养驴子的很多，常放牧驴子饮水溪边，所以转名驴子溪。流经多山多雨之地，为江津境内落差最大的溪河，天然落差 780 米。驴子溪靠近白沙地方，形成三处瀑布，高洞瀑布最有名，古志载："每遇天雨将晴，或久晴将雨，水必沸腾，声闻数十里，乡人因以占晴雨。"吴芳吉诗"径入松林堡，水喧高洞坳。临岩一俯视，幽篁百万梢。攀藤下谷口，乱石比人高。两山劈面起，翠微入九霄。一水破空来，满谷闻长号。奔窜各寻路，狞龙一条条"，就是写的高洞瀑布景色。驴子溪汇入长江处，有古代石桥，汛期没入水中，枯水露出，沙滩上用巨石铺出的路在江水已退未尽之时，如线如缕，成为古镇白沙一景。抗战时期著名学者胡小石寓居白沙，有诗写道："石桥当道黑，能立哪能破。空山一夕雨，水从桥上过。""水从桥上过"是驴溪涨水的写实，激越的溪水冲撞而出，横冲川江，截留江中的泥沙，天长日久，营造了白沙西边的西河坝。西河坝是白沙坝的核心冲积沙坝，银沙一片，白沙命名即由此而来。三十多年前的西河坝，枯水季节总有淘金人物的神秘踪影。

胡小石另有《白沙山居》诗云："厌梦重重肺腑山，江流何日解连环？林花且伴潜夫住，溪月知径故国还。触雾浇胸宜白堕，趁墟帕首学乌蛮。羁栖未觉飘蓬远，喜见春田雉子斑。"要解此诗首联，还得从白沙地理入手。明朝堪舆学极为兴盛，有堪舆家陈作龙，专门钻研蜀中风水，当他行走到白沙时，为此地风水地理折服，评点白沙山水乃心肺连环，为蜀中二十四穴宝地之一。其山脉来龙起自大娄山以远，黑石山圆润为心脏，以驴溪为血管，牵起两页肺腑，东有遛马岗，西蠹人高山，襟带而出驴溪半岛。驴溪玉带水，是联系白沙山野的血管，跃龙在岗，汇集系于大江，白沙东海沱乃硕大圆环，潜龙于渊，可视作宏阔的肺腑。胡小石诗《白沙山居》，首联据此而解。小石先生乃大学问家，寓居白沙，对白沙风物当然能够理解，收拾进入诗囊，也是白沙河山有幸。小石先生乃南京中央大学名师，籍浙江，其时南京沦陷于倭寇，故有明月故国之思。胸中块垒，武夫以剑浇之，文人以酒浇之。何以解忧？唯有驴溪槽坊白酒。趁墟，闽浙语，巴蜀赶场也。白沙周遭百余里内乡民，辐辏赶场。乡民多系白帕，夏擦汗趁凉，冬缠头保暖。白沙扼川江要津，为巴蜀文化与云贵文化分野，乌蛮之谓，在乎两可矣也。《白沙山居》一诗，因此还存照了白沙文化地理渊源。

中白沙的由来

"水码头数不过中白沙，旱码头数不过李石坝"，这是上川江老谚语。它的出现时间，是在"湖广填四川"之后、白沙商业航运进入鼎盛时期。有中白沙，当然还有上白沙与下白沙。上、中、下白沙，显然是以川江为参照的说法，可证此说起于川江航运，是来往川江的船工的命名，唯有这些江里来浪里闯的汉子，才是川江真正的地理专家。

上、中、下白沙是川江水文地理的定位。上白沙在白沙上游合江县先滩镇境内的牛埫驿，川江在这里形成一个巨大河曲，是河沙沉积之江段。"埫"是江边突出的小山头，古汉语与"脑"通用，地名普查时，牛埫驿遂更名为牛脑驿，其下游江边有山峦与之呼应，山峦开阙，故名龙口，旧时是川江航道著名地标，川江船工老谚：龙口叫，牛埫到。

下白沙在江津区与巴南区川江水域交界处，即今珞璜镇东小南海白沙沱。白沙沱是巨大回水沱，岸边为河沙沉积地带，堆积银白河沙故名，其北岸是巴南区白沙沱镇，南岸是江津区珞璜镇，两镇由白沙沱长江铁路大桥连接。大桥下游有一江心小岛，玲珑郁苍，形状似龟，名龟亭子。《华阳国志·巴志》载："巴子时虽都江州，或治垫江，后治阆中……又立市于龟亭北岸，今新市是也。"江州即今重庆，白沙沱是巴人溯川江西进的第一站，龟亭子成为祭祀和誓师之所，巴人以为圣地。下白沙也有古镇，即巴国后期的新市，可算今白沙沱镇的前身。龟亭子上面有小南海寺，为明代所建，供奉观世音菩萨，清代光绪初年重庆知府庆善题刻"小南海"三字于岛上石壁，旧时为佛门朝山胜地，享有盛名。

上、中、下白沙的称谓，是同一时期出现的，也是岁月淘洗凝固的产物，这个称谓的时间凝固点在猴年还是马月，不可考。上述《华阳国志·巴志》的记载，确实是一种意外的收获，似乎可以佐证白沙初始集镇的出现，也是在先秦巴国后期。

追寻白沙地缘历史，感叹时间是最称职的刽子手，从不刀下留人。只有文字是最好的载体，在古人留下的记载牵引下，这种追寻虽然蹒跚而费力，在历史袅起的云烟里，在对白沙深厚文脉深深的眷恋里，就葆有了一份感觉一条线索。感觉作为一种动力，线索是一位向导，流逝的时光一片片连缀起来，砌成一条走廊，人在其中走走停停，进入一种难以名状的境界。蓦然回归现实，走在今日之白沙保留的古街上，感觉脚底心触摸到的竟然是历史的沧桑。任何急功近利的演绎和表演，都无法贴近这种沧桑大美的历史脉搏。悠悠走去，就走到了朝天嘴古码头边，上川江轻轻地自西而来，汇成一湾水域，那么舒缓，那么从容，诠释着何为渊渟岳峙。五颜六色的云彩落进东海沱里，没有惊起丝毫波纹，一一融进了鱼虾们的梦呓……

第二章

古代白沙的地缘关系

收束三蜀、开启三巴的地理形胜

关于上川江在长江流域的重要位置，古代的地理堪舆家有精当的概括：收束三蜀、开启三巴。《华阳国志》载巴蜀地理，称蜀郡、广汉、犍为"三蜀"，以巴郡、巴东、巴西为"三巴"。作为上川江的中白沙，古代地域西接犍为郡，扼上川江腹心地带，开合大江向巴地之流向，所以"收束三蜀、开启三巴"，也可谓是白沙的地缘定位。

从白沙镇一直属于江津县的行政隶属建置关系上看，古代白沙一直处于江津西部，这可谓是从古江州析置出江津县以来，未曾变更的格局。江津县建置以后，各个历史时代的白沙与中心县城有着一种互补的关系，江津西部组团中心的身份地位决定了历史天幕下不断出现大白沙的概念。

江津县古属《尚书·禹贡》梁州之地域，周为巴国蜀地。秦灭巴国，改巴国为巴郡，张仪筑城江州（今重庆主城），巴人这个天生的战争民族，从此才聚城而居，算是巴史上最早的"改土归流"。《汉书·地理志》载巴郡设县 11 个，首县就是江州。今江津县，先为江州县属地，后析出分置为江阳县，再由江阳县演变为江津县。宋《太平寰宇记》云："江州郡，南齐永明五年（487）自州移治僰溪口（今江津支坪镇顺江口）"，此即江津县前身江阳县治所。隋朝开皇年间改制，江阳县改为江津县，江津县由此得名，延续了一千五百多年。

上述粗略回顾江津建置史，涉及的相关史料里，均不见有关白沙的记载。其原因，上述提及的地理专志，是以县级行政单位为起点的。白沙自从宋朝建置为镇后，一直处于江津县西部位置。这可以从历史上与江津县毗邻的县份地域来确定。

当今之白沙镇在江津西部略为偏南，那就从这个角度来看看古代江津的毗邻县份。《华阳国志·蜀志》载："江阳郡符县，郡东二百里，元鼎二年（前115）置，治安乐水会，东接巴蜀乐城南，水通平羌鳖县。"这涉及古代江津西部毗邻的县份的记载，白沙籍西南史志大家邓少琴做了这样的考证："江阳郡今之泸县，符县今之合江县，巴蜀之蜀字，应为郡字之讹也。所谓东接巴郡乐城，是符县与乐城境相接也。所谓水通平羌，水应即安乐水，今之赤水河也。平羌应为平彝之误，一作平夷，即今贵州之毕节县而居赤水之上游。……《方舆纪要》载：四川遵义府桐梓县废鳖县云'在县北，汉置。县有不狼山，鳖水所出，东入沅。'"（邓少琴《西南民族史地论集·江津县志沿革志稿》）

邓先生的考据，是在追踪江津地域里曾设置的乐城县，是从地缘关系入手的。值得注意的是，上述史料的源头，是在西汉武帝元鼎年间，下限说到了清朝时期遵义府还隶属于四川省的史实，时间跨度虽大，但是江津西部和西南部的地缘关系并未发生巨大的变化。换言之，白沙之西，有符县即今之四川合江县，《华阳国志·蜀志》提到的符县治所安乐水会，即今合江县城南的镇南关地域。白沙西南靠近贵州方向，西汉武帝时有隶属于遵义府的鳖县，在桐梓县北面，后鳖县废并入桐梓县，白沙西南的江津地域就与桐梓县接壤了。这样的地缘关系持续到后来的贵州习水县建置，才不再与桐梓县相连。通常的说法，桐梓是古夜郎国的核心区域。从这个意义出发，白沙的古代地缘关系，以巴蜀而论，处于巴蜀分野之处；以巴蜀夜郎而论，白沙处于巴蜀文化与夜郎文化分野。前一个分野，是从南到北的一个断面；后一个分野，是从东南到西南的一个断面。在这个区域里，发源于南部山地的四条溪河綦江河、笋溪河、塘河与赤水河，正好构成一个行草的"川"字，溪河川流，汇入川江，上川江在这个体系里，建立了一个坐标。在这个坐标里，白沙处于原点。在沿着川流谋生存的古代，川流就是文化交流与融合的最佳载体。白沙地缘文化里，有巴蜀文化的特质，也有夜郎文化的影响。文化即濡化，风化无形，一道印痕连着一道印痕，恍若一抹平沙。

白沙在江津县的地缘历史

　　白沙在江津行政建置圈层内的地缘毗邻关系，也是一种长时间的稳定状态，利于白沙特质地域文化的形成。白沙处于江津西部略为偏南的地域位置是一种长时间的稳定状态，作为上川江重镇，正如前文所说，白沙与中心县城有着一种互补的关系。当这种互补关系成为一种现实需要的时候，白沙大镇就能担当县城的功用。这在本书后面有关部分将会论述。

　　明朝时期，中国的行政区划更加细密和趋于合理。明朝成化年间，江津县行政区划先为 37 里，后增设为 45 里。里约等于当今的镇，这是江津建置史上最细密的一个历史时期，构建了此后江津建置镇的一种格局。这种格局的特点，是以东南西北中建置中心里来拉动整个行政建置一盘棋的。白沙是当时江津西部组团的中心，围绕白沙建置了南峰、人高、碛溪、石龙、思善、高詹 6 个里。南峰在今白沙西南部山区今永兴中山之交；人高核心区域即今白沙镇域人高山一带；碛溪即今塘河的古称，碛溪里应该是今塘河镇域；石龙应该在今白沙上游朱沱对岸川江南岸区域；思善里后来成为清朝时期江津建置三里的一个代表里，在白沙上游长江北岸朱家沱；高詹即今白沙下游的高占。上述 6 个里，除思善里，在后来的建置变化时，几乎都囊括进了白沙镇域。这在以后的有关部分有详细论述。这样的建置格局，说明了白沙一直是江津西部组团的领头羊。

　　清初江津建置为三里，即笋溪里、杜市里、思善里。这样的建置，延续到民国，直到 1935 年实行"新政"，才彻底废止三里的建置。三里的格局，是否说明白沙退出了地域组团龙头大哥的地位？不是。清初江津县建置三里的命名，是依据历史文化名人命名的，并非代表地缘关系。

杜市里命名，是缘于杜甫后裔杜莘老定居江津之故，其子孙聚族而居之地名杜市。杜莘老（1107—1164），杜甫十三世孙，生于宋代四川眉州青神。从小就慷慨有大志，曾说："我得志，饶君子，不饶小人。"1140年，杜莘老省试合格，却不去参加廷对，皇帝知其大材，遂赐同进士出身，授梁山军教授。提出防备金兵入侵、保卫江淮的良策，并上书陈述时弊十事，被宋高宗任命为殿中侍御史。在御史任期内，忠直敢谏，疾恶如仇，大公无私，声震一时，被朝野誉为"骨鲠敢言者"。后被奸臣谗害，请求出任外职，迁任遂宁（今属四川）知府，上任时行李简单，过家门而不入。在遂宁任上，居官清修独处，多行惠政，考核政事功绩时，居诸州官之冠。晚年迁居江津，1164年6月病卒，葬于江津今西湖镇清泊境内，当时的丞相虞允文题"刚直御史"刻于墓碑之上。为纪念杜莘老而建置的杜市里，与当今杜市镇地域并非重叠关系，江津长江北岸的德感、双福等地，当时也属于杜市里辖地。

笋溪里命名，是因明末清初名动朝野的江津名士龚懋熙得名。龚懋熙今蔡家笋溪人，字笋湄。龚懋熙是明末进士，明亡隐居乡间，以道德文章著称，恰是清廷所要网罗起用的人才。龚懋熙名气有多大？顺治十五年川陕总督李国英受朝廷指令，邀请他出山做官，李总督写下《邀龚笋湄启》："恭维老年台，东川耆旧，西蜀名贤，年少夺秋香，久著文名于先世。景运隆春日，应展勋业于当时。值兹风云际会之初，正为硕彦乘时之始。方今圣天子，甄收是切，抢拔惟殷，有此席珍，岂容草泽？不佞简命，出总东藩，耳食声华之盛，心倾山斗之彩。客秋初吉，遣边将以敦迎；今岁春深，望蒲轮而莫莅。伊人宛在，知卓尔而不群，弃予如遗，风高泉石，念切名山。出渝相见，归图颐养未晚也。特饬邑令再促行旌，引领东来。凝眸西顾，临巅翘企。"为纪念龚懋熙建置之笋溪里，与当今笋溪流域大致重叠。

在清初三里建置格局里，白沙镇属于思善里十一都，且为十一都治所。十一都的文化意义，囿于篇幅，此文不论。十一都为津西富庶之地，治所设立于白沙，可见这样的行政建置还是以白沙为江津西部组团核心的。至于思善里的得名，同样与历史名人有关。下面略为展开做一点探究，因为其来历同样反映了白沙地域文化渊源，并超越着建置史本身，在当今也有着启迪意义。

清代光绪末佚名编著之《江津乡土志》卷二《人类》记载："唐庄宗时郭崇韬以谗死，庄宗遇变于洛阳，其将李存孝之子旧封汉东侯，周德威之子光辅旧封思善侯，皆帅兵驻津境。将归洛阳，为荆南高季兴所阻，不得归，遂折回屯田四望山中，驱逐群蛮，开垦荆棘。今其地犹有周李二将军庙，岁祀巫歌多回波词，子孙繁衍，世涵教泽，悉同汉种，风俗无殊。"

原来清初江津思善里之命名，是为了纪念五代后唐时期稽留白沙区域教军民耕作的思善侯周光辅。一段记载，一阕苍凉的历史，两位在巴蜀农耕史上被历史尘埃掩蔽的将军。

地方史牵扯起通史，这是地缘文化葆有生命力的缘故之一。"庄宗遇变于洛阳"，也是正史《五代史》所记录的大事件，是指发生在五代后唐同光四年（926）的连环兵变，史称"邺都兵变"。邺都在今河北大名县东北。是年春，后唐蕃汉总管李嗣源乘出讨邺都赵在礼兵变之机，却与变兵沆瀣一气，率军回师攻取大梁（今河南开封），并趁乱攻入国都洛阳。后唐庄宗李存勖慌忙出逃，路上被哗变的部下射杀。李嗣源在洛阳自称监国，不久即位为帝，结束了李存勖的统治。

李存勖嫉贤害能，后唐朝中著名智囊人物郭崇韬"以谗死"乃明证之一。李存勖在位4年时间里，最突出的"事迹"就是冷遇猜忌宿将功臣，在他周围聚集了一批小人，导致上下离心，统治不稳。邺都之所以发生兵变，也是李存勖听信身边小人谗言造成的。公元926年农历二月，后唐戍守大名瓦桥关的军队按规定换防移驻邺都。李存勖听信了这支军队主将有异心的小人谗言。当换防军队行至贝州（治今河北清河西），突然接到李存勖圣旨，要求就地在贝州屯驻，不准返邺都。消息在戍边期满的军士中传开，群情哗然激愤。

葬送后唐开国皇帝的历史事变，就这样由愚蠢的当事人庄宗李存勖自己提供了契机，这也是嫉贤害能的必然结果。嫉贤害能，必定亲近小人，所以中国历史"亲贤远佞"的警示不绝。震动历史的大事件，往往是由小人物来点燃导火索的。话说李存勖圣旨传到换防军中的当夜，一个平素为人无赖的普通军士皇甫晖，与其他士兵赌博输得精光。皇甫晖憋了满肚子火气要找地方撒。军中正好群情激愤、人心浮动，皇甫晖借题发挥，鼓动大家起事兵变。几个同伙一呼即应，换防军队上下都觉得窝囊气受够了，于是以一个赌徒为核心，合谋发动叛乱。

这种局面的出现，原因当然还在于李存勖已经失政，天下人心散乱。欧阳修《伶官传序》，对此作出过评论：及仇雠已灭，天下已定，一夫夜呼，乱者四应，仓皇东出，未及见贼而士卒离散，君臣相顾，不知所归，至于誓天断发，泣下沾襟，何其衰也！岂得之难而失之易欤？抑本其成败之迹，而皆自于人欤？《书》曰："满招损，谦得益。"忧劳可以兴国，逸豫可以亡身，自然之理也。

远在北方的兵变，影响了西南边鄙的两位将军，这就是政治蝴蝶效应。驻扎在白沙上游的汉东侯和思善侯，对后唐庄宗李存勖而言，绝对是忠臣。"国乱现忠臣"，忠臣的出现，国家是动乱的局面，忠臣无疑都浸染了不幸的因素，这是中国历史的辩证法。封侯的两位忠臣，有国不能归，最佳的抉择就是死守前朝皇帝赏赐的封地，扛起那面旧旗帜，并竭力使之葆有不变的颜色，尽管前朝皇帝有种种不是，但忠臣的初衷九死而不悔。

这是中国传统文化里最感动历史的一种现象，所以江津建置史上，有纪念五代后唐思善侯的思善里。在儒家文化里，善是忠的一种外延成分，且是重要成分。白沙是古代江津思善里的中心大镇，先民们纪念思善侯是一种自觉，当然也没有忘记与汉东侯相提并论。只是这种古文化现象，已经渐淡渐远而已。在梳理白沙文脉的倡导下，有重提的必要，以唤醒一种地域记忆。而这种地域记忆，是可以融入中国通史的。

思善侯和汉东侯有庙，庙在四望山，山在白沙上游朱沱场附近，以古庙著称的名山，和白沙下游的周望山齐名。祭祀两位侯爷的仪式，虽浸染了巴地巫歌巴舞的特色，但主祭词却是以警示游宴无度危害的《回波词》。这个主祭词，颇能让人回望后唐庄宗亡国的教训。而这种教训，是垂照千秋的。

《回波词》一名《回波辞》，作者是唐朝的李景伯，"箴规"是该诗主旨。《唐才子传》和《新唐书》里，对作者行状和该诗缘起，有大同小异的记载。李景伯，李怀远子，邢州柏仁人也。景龙中为给事中，又迁谏议大夫。中宗尝宴侍臣及朝集使，酒酣，令各为《回波辞》。众皆为谄佞之辞，及自要荣位。次至景伯，曰："回波尔时酒卮，微臣职在箴规。侍宴既过三爵，喧哗窃恐非仪。"中宗不悦，中书令萧至忠称之曰："此真谏官也。"景云中，累迁右散骑常侍，寻以老疾致仕。开元中卒。子李彭年。

第二章 古代白沙的地缘关系

古代白沙与小方国和大郡邑的地缘关系

　　探究白沙在古代江津建置的地缘关系，收获了上述在当今依然不失意义的史料，算得白沙地缘文化的幸运。从分析中，还可以得出很多有关白沙地域发展历史的观点，在此略过。荡开白沙在江津境内的地缘关系，探究一下古代白沙与毗邻小方国和大郡邑的地缘关系和相互影响，是求证白沙作为上川江重镇发展历程的需要。

　　古代白沙地缘关系的第三个层面，是毗邻的小方国和大郡邑对白沙地域文化的渗透与影响，这种影响见证了白沙作为上川江重镇在历史上的作为，这种作为是风化无形的，一直贯穿到当今，这是地缘文化韧性的一种反映。

　　春秋末期战国早期，今白沙地域西南方向，继鳖国、鰼国、僰国等小方国存在后，又迅猛崛起夜郎国，夜郎国征服或驱逐了上述小方国后，鰼国成为其鰼邑，与古代白沙地域接壤。鰼邑即今贵州习水县，多山多林木，古代生民擅长采伐，是后来白沙木材外运的主要供货地，明清时期优质楠木的采伐与贩运，催生了白沙船帮中的一代川江霸主楠船帮，这将在本书后面有关部分论及。僰国是被逐向川江上游今宜宾僰道一带的方国，与古代白沙地域有过接壤关系，僰人善种植，是世界上最先种植水稻和荔枝的民族，对白沙地域产生过深远的影响，白沙襟带的江津镇乡，至今依然是江津区的主要产粮区和水果重要产地。

　　古代白沙地域曾经很长时间毗邻蜀文化代表区域之一的大郡邑犍为郡，这种地缘关系，是古代白沙地域汉化的标志，其意义可谓大矣！

　　这个标志，史称唐蒙开西南，其切入点，就在白沙上游的巴符关，与犍为郡的设置息息相关，史料见于《史记·西南夷列传》：

建元六年（前135），大行王恢击东越，东越杀王郢以报。恢因兵威使番阳令唐蒙风指晓南越。南越食蒙蜀枸酱，蒙问所从来，曰"道西北牂柯，牂柯江广数里，出番禺城下"。蒙归至长安，问蜀贾人，贾人曰："独蜀出枸酱，多持窃出市夜郎。夜郎者，临牂柯江，江广百余步，足以行船。南越以财物役属夜郎，西至同师，然亦不能臣使也。"蒙乃上书说上曰："南越王黄屋左纛，地东西万余里，名为外臣，实一州主也。今以长沙、豫章往，水道多绝，难行。窃闻夜郎所有精兵，可得十余万，浮船牂柯江，出其不意，此制越一奇也。诚以汉之彊，巴蜀之饶，通夜郎道，为置吏，易甚。"上许之。乃拜蒙为郎中将，将千人，食重万余人，从巴蜀筰关入，遂见夜郎侯多同。蒙厚赐，喻以威德，约为置吏，使其子为令。夜郎旁小邑皆贪汉缯帛，以为汉道险，终不能有也，乃且听蒙约。还报，乃以为犍为郡。发巴蜀卒治道，自僰道指牂柯江。蜀人司马相如亦言西夷邛、筰可置郡。使相如以郎中将往喻，皆如南夷，为置一都尉，十余县，属蜀。

　　这就是《史记》记载的唐蒙开西南，中国历史上的一段佳话。汉武帝时期，是西汉王朝开疆拓土的鼎盛时期，当然少不得唐蒙这样外交家兼军事家的人物。唐蒙出使南越，发现了枸酱这种蜀地风味食物，追问其来源渠道，夜郎国由此进入西汉中央政权的视野，于是才有了汉武帝与唐蒙有关开西南的筹划。这里的"西南"，无妨解读为西南夷。唐蒙的使团上千人，进入西南夷的节点，是"从巴蜀筰关入"。《史记》关于这个地点，不单说"巴"，也不单说"蜀"，而说"巴蜀筰关"，表明筰关在巴蜀临界处，这是太史公的良史笔法。筰关之"筰"，读若作。邓少琴先生考据，筰关即巴蜀方志里的巴符关，在白沙上游合江县城南面。

　　巴符关也是巴蜀界关，其东为巴地，其西为蜀地。以长江流向为参照系，白沙地域乃蜀尾巴头之地，以呼应长江中下游的吴头楚尾的地理称谓。巴符关以南，即蒙昧之地，故以筰关为界限。这有依据。王充《论衡》："人未学曰蒙，蒙者，竹木之类也……不入师门，无经传之教，以郁朴之实，不晓礼义，立之朝廷，植笮树表之类也，其何益哉？"筰关之筰，所以从竹从作。

上引《西南夷列传》云："蜀人司马相如亦言西夷邛、筰可置郡。"此记载依据，缘于司马相如的《谕巴蜀檄》。唐蒙开西南夷后，设置了犍为郡。犍为郡地域最广大时，为益州第一大郡，东南接今日之白沙以远的遵义北部地区，南面达到今贵州六盘水，西面涵盖今四川乐山，北面连成都接广汉。这个区域里，建置 12 县。当时的江津故地所在的巴郡，仅有 6 县而已。犍为郡鼎盛时期，面积大过今日之重庆市。

这个时代的白沙地域毗邻犍为大郡，第一意义就是唐蒙经白沙地域开西南夷，是白沙地域汉化的标志。史证的发现，纠正了江津地域在唐朝时期尚未汉化的说法。白沙河口村千担崖汉墓，是重要的考古证据。这里还得做点地理上的探究，因为自古"蜀道之难，难于上青天"，从西汉以来，北方中央政权的大型使团入巴蜀，一般都是水道舟楫而来。北方而来，由汉水转进西上至今重庆，以通蜀地言之，以今之嘉陵江为交通要道，以通巴地西部区域如白沙，则以上川江为交通要道。所以《西南夷列传》多有水系记载，其实也就是交通的提醒。传说黄帝时期就发明了舟楫。河流是古代的高速通道，唐蒙开西南夷的使团，是第一个进入白沙视野的中央使团。

犍为郡对古代白沙地域的影响，除上述而外，还有航运、制盐、酿造等方方面面的影响。种种影响，有历史的蛛丝马迹可供品味，渗透到白沙历史文脉的肌理里，让人联想到曾经拉动了巴蜀经济的白沙船帮、白沙盐帮和曾居四川产量第一的白沙白酒。这就是地缘历史的回音。

第三章

三国蜀汉时期形成的水陆驿站枢纽

公孙述割据称雄的地理屏障

公元 25 年，汉光武帝刘秀即位河北，是为东汉即后汉之开端。光武帝建武十一年（35），征南大将军岑彭在白沙地域的川江发起了对割据巴蜀的公孙述政权的最后一场战争。这是白沙地域有史书记载的最早战争，史称黄石龙之战。

《华阳国志》卷五《公孙述刘二牧志》记载公孙述和刘璋两位蜀守行状，透露了这场战争的背景："征南大将军岑彭自荆门溯江征述。又遣中郎剿憻歆及述旧交马援奉诏喻述。隆少谏，令服从。述怒曰：'自古来有降天子乎！'尚书解文卿、大夫郑文伯初亦谏，述系之暴室六年，二子幽死。自是莫有言者。"刘秀关注割据巴蜀的公孙述已久，先晓之以理，公孙述不为所动，反而禁锢瘐毙能审时度势的谋臣。这种活剧，在中国历史里总是不断上演，为最后的覆灭奏响了挽歌。刘秀动之以武的时机成熟了，于是已经平定了荆楚湖湘的岑彭大军，就溯江而上兵临白沙地域了。

巴蜀公孙述割据政权，是北方连年战乱、中国西南一隅相对安宁赢得发展时间的产物。富庶的巴蜀，就这样被井底之蛙般的公孙述收入了囊中，正所谓英雄不问出处。公孙述能称帝于成都，在于一代中兴皇帝刘秀暂时腾不出手来收拾这只井蛙，政治的短视让公孙述态度强硬以天子自居不愿臣服。公孙述以为巴蜀实力，可以与西汉王朝抗衡。东汉时期，白沙地域隶属巴郡，《汉书·地理志》载，巴郡有县 14 个，户 301691，口 1086049，比西汉鼎盛时期的户口翻了一番。人口逾百万，虽在当今显得人烟稀少，但在漫长的古代却是兴旺的标志。处于巴蜀分野上川江腹心的白沙区域，可进可退可攻可守，是公孙述割据政权重点经营的重点区域之一。割据政权的智囊们能够扶持公孙述这样的井底之蛙玩玩皇帝的宝座，让大汉民族统一进程滚滚车轮刹了一脚，端的有能耐。智囊们把川江划为蜀地外水，是防御由长江攻击巴蜀的最后屏障，这样的战略部署，总是被后来的军事家重视。

当川江下游地域臣服东汉王朝以后，战争的鼙鼓就震响于上川江之门户地带。于是在白沙区域，公孙述陈列了重兵，准备与岑彭征南大军决以生死之战。这是北方中央政权剪除巴蜀割据政权的著名战争，古代的史志地理专家们却没有记载清楚发生的地点，于是只能援引他们认为是权威者的论述。这个权威，就是唐高宗章怀太子李贤。他文史造诣深厚，主持为范晔的《后汉书》作注释，其亲笔点评更被史家称为"章怀注"。"章怀注"关于这场战争的发生地是在今涪陵下游的墦石滩。李贤后来被武则天流放巴州，其后的史家认为他亲临过川江，所注不可置疑。李贤以后，杜佑注前后汉书和郦道元《水经注》，均从章怀太子说。直到清朝初年巨型历史地理著作《读史方舆纪要》出现，才对上述记载提出了质疑，这场战争的地点被认为应该在璧山江津县以上。

《读史方舆纪要》对当时流行的二十一史地理志进行诠释，援引史料浩繁，考据有力，被史学界誉为"千古绝作"和"海内奇书"，研究古代地理必读。但是由于涉及内容地域太多太大，尤其是地域，其作者顾祖禹不可能一一实地考察，错误难免。顾祖禹之后四百来年呼啸而过了，白沙籍西南方志研究大家邓少琴考据指出，决定公孙述割据政权覆灭的墦石滩之战，"墦石"乃"黄石"之误，即白沙川江区域著名险滩黄石龙。《读史方舆纪要》把璧山视为濒临长江的高山，显然是地理的误记。如果把璧山视为山脉，按照邓先生的说法，应该是白沙上游朱家沱突出大江北岸的山脉。朱家沱最突出的山脉，即上文提及的四望山。邓先生考据，其文见于《江津县志沿革志稿》第一段。

白沙川江水域的生死之战细节难以复现了，公孙述割据政权对江津地理的影响，是把江津内流河笋溪河更名为孙溪河，其刚愎自用，可与前引的《华阳国志》记载参读。古代巴蜀，门一关就是家天下。要叩开巴蜀大门，最好的途径就是沿川江而上。地扼上川江腹心的古代白沙，是历史大戏的见证者，有时也是演出者。

诸葛亮经略的上川江要地

历史总是以人物故事的方式存在和延续。白沙见证的继往开来，不过是历史的再次启幕。决定公孙述割据政权覆灭的白沙黄石龙之战，当然进入了军事家诸葛亮的视野。诸葛亮向刘备献上的"隆中对策"，核心是"先取荆州后取川，图王霸业在天府"。当刘备割据称雄的条件具备之后，羽扇纶巾的诸葛孔明就逆川江而上，踏上了白沙这块土地。诸葛亮是史载踏上白沙地域的第一位古代军事家，其意义在于开启了古代白沙又一重要的地缘历史。

陈寿《三国志》卷三十五《蜀书》第五《诸葛亮传》记载："建安十六年，益州牧刘璋遣法正迎先主，使击张鲁。亮与关羽镇荆州。先主自葭萌还攻璋。亮与张飞、赵云等率众沂江，分定郡县，与先主共围成都。成都平，以亮为军师将军，署左将军府事。先主外出，亮常镇守成都，足食足兵。"

有必要将上述史料改写为白话文。东汉献帝建安十六年（211），益州牧刘璋派遣法正迎接刘备，企图让刘备帮助攻打张鲁。当时诸葛亮与关羽留守荆州。刘备先诸葛亮入川，军队驻扎在葭萌关按兵不动，却找到借口对刘璋反戈一击。夺取巴蜀的时机已到，诸葛亮就率领张飞、赵云等将领，逆江而上，平定了沿江各州县。与刘备形成南北夹击的局势，合围了成都。成都平定后，刘备任命诸葛亮为军师将军，代理左将军职务。刘备外出征战，诸葛亮经常镇守成都，做好军队后勤工作，保证了粮食兵员都很充足。

仅从上述史料，尚不可证明诸葛亮将白沙纳入了当时的战略视野，并将古代白沙推进了新的地缘历史。问题在哪里？在于史家指出的陈寿《三国志》粗疏的毛病，尤其是经济发展、军事筹备少作记载。上述《诸葛亮传》记载其攻取巴蜀经过，粗疏的毛病显而易见。以此为线索，再看看其他史家的记载。

《华阳国志》卷五的记载，就翔实得多，可以据此画出诸葛亮率领诸将攻取四川的线路草图。这条线路，是以川江为主线的：诸葛亮、张飞、赵云等溯江降下巴东，入巴郡。巴郡太守赵筰拒守，飞攻破之，获将军严颜，谓曰："大军至，何以不降，而敢逆战？"飞怒曰："牵去斫头！"颜正色曰："斫头便斫，何为怒也！"飞义之，引为宾客。赵云自江州分定江阳、犍为，飞攻巴西。

《三国演义》渲染的张飞义释严颜，即本此史实。当时的巴郡治所在江州，即今重庆。攻取重庆，张飞首功。接下来不写诸葛亮，而写赵云战功，此所谓史家笔法。巴郡之战后，诸葛亮率领的军队兵分两路，一支由张飞率领沿嘉陵江夺取阆中一带，诸葛亮带领心腹将领赵云向川江上游进军。

江津扼重庆上游，诸葛亮、赵云溯江进军，第一站必然进入今江津地域，其时今江津区域尚未设县，所以史书不载，但战事难免。刘璋牧守巴蜀，昏庸少有作为，人民积怨已深，士人箪食壶浆欢迎诸葛亮入川是一种顺应历史潮流的自然举措。江津士人提出将浸染了公孙述割据政权特色的孙溪改为伏溪，以示臣服。作为谋略家的诸葛亮当然不会干这种沽名钓誉为历史所不齿的勾当，他轻摇羽扇，孙溪正本清源回归笋溪河本名。这是诸葛亮在江津地域留下的历史印痕。

诸葛亮能够辅助刘备成就大业，在于他有一种本领。这种本领是日常养成的。他每到一处，总是先做山川地理的调研，哪里可以存粮，哪里可以屯兵，做到胸中有数。诸葛亮绝对不是一孔之明，这种调查研究的兼收并蓄，是出于职业性的自觉修炼，于是无论史家还是小说家者流，都同意一种评价：诸葛一生唯谨慎。

古代白沙地理形胜，当然进入了诸葛亮视野，成为以后他治理巴蜀的一种锦囊储备。山河风物，有着千古灵性，无言着历史的细节，喧嚣着磅礴大气。古江州今重庆乃上下川江节点，重庆以上的上川江，苗岭以北、青藏高原以东的成百上千条大小江河尽数汇聚于此，为破三峡东归大海蓄积了力量。而作为上川江重要节点的中白沙，亘古以来这一带既是大自然的门户，也是西南先民东出夔门的第一门户。先秦时代是巴、蜀、周、秦、楚文化的交汇点，征战频繁，从那时以来，一直贯穿中国历史。古代白沙地域，还是强悍的巴人淡出川江的终极地域之一。公元前316年，秦灭蜀，唇亡齿寒，巴国随之灭国。秦灭巴蜀，是为了富国强兵为以后灭掉强大的六国做准备，这种准备在"远交近攻"的战略思想中得以实现。蜀国巴国这对冤家兄弟，延续千载的故国已灭，就灭掉了一种文化。四处是暴秦的铁蹄扬起的尘埃，亡国的巴人或者流离失所，或者沦为奴隶被抓去修筑万里长城。而巴人是一个非常顽强坚毅的民族，更多的巴人走进大娄山回到老鳖国，团结在巴人新的领袖竹王的麾下，书写了巴人最后的华章。巴人的回归之路，大娄山是祖山是路标，溯着古乌江、古僰溪（今綦江河）、古笋溪河、赤虺河（今赤水河）流域行进。这是声势浩大的集体行动，在今日之涪陵、万盛、綦江、江津、白沙、合江八百里的横剖面上，神情悲壮肃穆的巴人涌向贵州红土高原，形制简易的独木舟逆水搏击着险滩，种种呼啸呐喊，摇着太阳，晃着月亮。

是英雄铸造之地，为山川灵秀所钟，总是掀动志士衷肠。江津走出的国学大师王利器写道："四围山色，若隐若现，东望浮图关，其下则邑人彭大雅所筑之重庆城也；南望虎脑山，其下则虞允文题'刚直御史'杜莘老之墓也；西望黑石山，则白屋吴生葬诗魂之处也；北望圣泉寺，则明刑部侍郎江渊读书之地也。山川炳灵，往哲挺生，每一登临，令人油然而生向往之心。"这当然是后话。王先生文章里标举的人物，是后起之秀。流变的是历史，不变的是山川。谁说上川江这方雄奇的土地，当年没有掀动诸葛孔明的衷肠？

赵云巡守白沙探析

诸葛亮平定上川江，命心腹爱将赵云留守这一门户地带。自己提善战之师，入蜀平定德阳，为合围成都奠定了胜利保障。刘备的政治宏愿，是诸葛亮帮助策划的结果，即《出师表》所谓"奖率三军，北定中原""兴复汉室，还于旧都"。历史没有让蜀汉君臣了却此宏愿，诸葛亮为此付出的是"鞠躬尽瘁，死而后已"。史称诸葛亮治蜀，这是蜀地长期居于巴蜀政治经济文化中心的说法，全称应该是诸葛亮治巴蜀。他为此在政治、军事、农业、手工业等诸方面进行治理，其目的就是前引《诸葛亮传》里的四个主题性的字眼：足食足兵。

要做到"足食足兵"，需得巴蜀统筹规划。换言之，也就是古代中国社会看重的教化之功。这里不做展开。有了教化之功，兆民才能顺应王朝政治大局。诸葛亮治理巴蜀期间，边境少数民族时而臣服时而叛逆并非稀罕之事，巴蜀腹心区域确实算得政通人和。因兵源、物产等等特色，蜀国建立了区域性的郡县。如成都的特色，就是延续了优质蜀锦的生产，成为蜀国经济、军事、外交的支柱性产业。

蜀汉时代的白沙区域，是上川江人烟稠密之处富庶之地，人民尚武重义，被诸葛亮纳入蜀汉军粮筹集、蚕丝生产、兵源补充的重点区域之一。诸葛亮入川之初，路经白沙地域，就确定了蜀汉政权建立之后，白沙故地应该有的作为。诸葛亮让赵云巡守此区域是一种战略需要，蜀国建立后，白沙故地就成为扼上川江水陆要津的驿站。赵云作为蜀汉名将，率领的是野战部队，一旦蜀国有重大军事行动，诸葛亮就会调集其部属参与之，他不能长驻某地，这也是自古以来的驻军原则。

赵云巡守白沙驿站，不见于《三国志》卷三十六《蜀志》第六之《赵云传》记载。《诸葛亮传》列第五，赵云随其后，可证赵云在蜀汉将领中的重要地位。本志未载赵云生年，载明卒年为蜀汉建兴七年（229）。诸葛亮率赵云等将溯川江入川经白沙故地，是在汉献帝建安十六年（211）。常山赵子龙，籍贯今河北正定，赵云在巴蜀的活动时间范畴，就是公元211年至229年。他巡守上川江要地的时间，不能越出此时段。

正史不载赵云巡守白沙，民间传说却能印证。俗话说：花间看美女，马上看将军。猛将赵云，当然爱马。他每日晨早有遛马跑马的习惯，凡是驻守之地，几乎都有赵云遛马跑马的遗迹和故事。白沙镇东，有长坡名遛马岗，民间说法就是因为赵云巡守白沙驿站，每日遛马于此得名。九龙坡走马古镇，把赵云巡守跑马得名作为历史缘起。"走"之古意，今之"跑"也。走马镇古街处于一道长长的山坡上，坡名走马岗。遛马岗、走马岗，二者串联起蜀汉名将赵云，使人联想起让赵云一战成名的长坂坡。

赵云巡守蜀汉白沙地域，是诸葛亮治理巴蜀的一种体现。蜀汉时期的江津地域尚未设县，正史不记诸葛亮、赵云在今江津白沙区域的活动，是正常现象，但并非否定曾经在此的活动与影响，这是解读历史的一般常识。诸葛亮、赵云在今江津区域的活动，还可以在今与白沙关联的地域找到史志记载的蛛丝马迹。

白沙地脉，起自黔北高原，今天江津南部山区在自然地理意义说，是滨江古镇白沙的屏障地区。古人对此的认识，是很透彻的。循着前人的视野，落脚于屏障白沙的南部山川，就找到了感觉。古代的白沙镇域，是与今天的中山古镇毗邻的。中山镇境的插旗山，就是古白沙地域南部屏障。

插旗山，一道标志，标举出由黔北高原娄山蜿蜒而来的山脉进入江津地界的一道高标。苍山走来，气势如虹，断崖如削，断崖之巅，圆形山阙，在蓝天青山之间镶嵌了一面熠熠生辉的宝镜，托起宝镜的屏风，是相对而出的两座峦头天星，珠圆玉润，灵动在苍天白云之下。一幅自然妙卷，愧煞人间妙笔。插旗山、双峰寺，演绎的是一种磅礴的边关格局。乾隆本、嘉靖本《江津县志》之"艺文"，均收载了《重修双峰寺记》。该记对津南屏障地带，做了雄浑的描摹："双峰为县治地脉所本，峻岭层壑，来自播城，翁郁数百里，至是豁然延视，平芜拓为大观。"这里的播城，即黔北重镇遵义。

以插旗山为中心坐标，诸葛亮治理巴蜀的遗迹，就以地理山脉名称的方式，留下了三处同名的山。它们都叫铜鼓山，第一座在插旗山与之相对而生，第二座在今蔡家镇清溪沟，第三座在嘉平镇，其地自然村至今仍名铜鼓村。铜鼓山以地理标注的形式，记录着这些区域，曾经是僰人部落的地盘。诸葛亮入川江之际，不把僰人列为对手。蜀汉建立之后，诸葛亮要安定战略后方，自然就抖落了对付僰人部落的锦囊妙策。原来僰人是崇拜铜鼓的一族，僰人铜鼓的原始范本，源于诸葛亮所赠，又叫诸葛铜鼓。僰人铜鼓可以分为天、地、人三个字号，最大的天字号铜鼓可值千牛，次之可以值五百头牛。得鼓二三，便可称王，铜鼓声起，就可以把部落里所有的僰人召集到周围。诸葛亮在古代白沙的屏障地带，设立铸造铜鼓的作坊，因此就留下了铜鼓山遗迹。

诸葛亮在蜀汉东南边境要地，铸铜鼓以涣散僰人部落，吻合他谋略家的特色。被涣散的僰人，被诸葛亮招募从军，多数成为蜀军特种部队。他还在此地域炼铁铸造钱币。巡守监督的重任，委托于心腹爱将赵云，是合理之事。历史名人的影响是方方面面的，诸葛亮其实是江津冶炼铸造史上的开山祖师，冶炼铸造是江津传统产业，在历史上有过非凡的影响。

冶炼需要矿石和木炭，即古人所谓"需铁与炭相辅而行乃能成物"。从《江津乡土志》里可以知道，江津本土不产铜矿，铜矿由云南运来；江津本土铁矿不如綦江铁矿，自古江津铸造所需铁矿，均由綦江运进。冶炼铸造需要的燃料，古代用白炭，即青冈烧制而成的冈炭，这在白沙毗邻的南部山区可以就地取材。这就不难理解，蜀汉在江津境内的冶炼铸造遗迹，在南部山区被发现。江津县在建置史上有过隶属南平军的历史。南宋中期王象之编纂的地理总志《舆地纪胜》载："南平军西南里许，设有广会监，岁铸铁钱四万贯。至绍兴末，鼓铸不充，遂废。今江津清溪沟上游约八十里地，犹有废铁成堆之迹存焉。"

　　始于诸葛亮治理巴蜀、赵云巡守白沙期间的江津冶炼制造业，产生过巨大的历史影响。如南宋钓鱼城头轰死蒙哥的巨炮，就是江津铸造的。古志载四面山飞龙庙，居然一度为江津冶炼铸造中心。这个偏僻的所在，居然诞生了古代川黔边地上的第一座高炉。元明以后，江津冶炼铸造业中的铸造铁锅，成为特色产业，白沙一度为铸锅业重镇，江津县特型铁锅，独霸巴蜀市场几个世纪，曾经是川盐、川糖必需熬制大锅。产业兴旺了，矿石改为水运，分上路和下路。上路由金沙江运出滇之铁矿、由赤水河运出黔之铁矿，在运输线路近点之白沙地域冶炼铸造。下路铁矿由江北、巴县运进，在运输线路近点之顺江仁沱冶炼铸造。共设大锅厂六家，铸造而出的特型大铁锅有大刀、浅水两种型号。大刀每口重一千二三百斤，为富顺自流井熬盐专用者，俗称井大刀；为犍为五通桥熬盐熬糖专用者，俗称桥大刀。浅水每口重一千一二百斤，行销专供五通桥，被称为桥浅水。这是明清直至民国前期的一条重要的产业链，拉动着巴蜀经济，有着古镇白沙的巨大贡献。就江津这项产业而言，经济效益是可观的。但古人一般不会去记载利润，这是清高的读书人撰写史志的一种特殊现象。《江津县志》有一笔有关光绪末年江津铁锅业成本投入账："年约用铁三百二三十万斤，值银十二三万余两。"投入不可谓不大，利润应该是可观的。铸造盐锅，工艺要求高。铸造的时间，选定在冬春两季，炎热的夏季和干燥的秋季就停止生产。设备主要有化铁炉、风箱、锅模。开炉化铁水时，用江津南部山区生产的优质青冈炭为燃料，每 4 人一班人力拉木制风箱，锅模用铁质石英砂镶成，缝隙用柔软的梭草加黏土泥填塞涂抹光滑，每化一炉铁水铸造盐锅一口，化铁炉容积小的，需要 2～3 座炉子同时开炉，熔化的铁水才能够铸造一口大盐锅，装铁水浇铸的工具由耐高温材料制成，俗称"金盆"。浇铸时，12～16 人合力抬起装满铁水的"金盆"，在统一指挥下，将铁水注入巨大的锅模，保证流铸均匀，一次成型。随着盐业生产的改变，江津盐锅逐渐退出了市场，其工艺却得到传承，以后组建了白沙锅厂，转向生活用铁锅铸造。1980 年前后，江津白沙铁锅达到 24 个品种，在四川众多的铁锅生产厂家中排名第四。当时白沙锅是著名品牌，每年销往外地 20 多万口。

就江津冶炼铸造业粗略的发展史来探析，似乎可以这样确定：诸葛亮时代在今江津境内铸造铜鼓的铜矿，是经水路输运至当时的上川江水陆交汇驿站白沙，再由陆路转运到江津南部白炭产地的冶炼铸造作坊。这也是滇铜外运经济史的发端，依川江而生的白沙，在揭开滇铜外运的序幕中，尽了应尽的责任。至于滇铜外运的鼎盛时期，白沙船帮扮演了主要角色。这是后话。

跌落在古史古志里的这些史料，是研读白沙地域文化的宝贝，像散落的珍珠，折射着历史线索，穿起诸葛亮治理巴蜀没有忽略白沙的史实。诸葛亮企图通过"足食足兵"，来实现"北定中原"的政治宏愿，以证明其"隆中对策"的正确性，一厢情愿，何其艰难。举巴蜀之力，与广大的北方和东南抗衡，这就是蜀汉大势，得需要积蓄各方面的实力才行。他把有能力的文臣武将分配到各种要地，以集聚实力。赵云巡守白沙，就是这种形势下的安排。这个时期的蜀汉朝野，是上下齐心的。检点其理由，在于诸葛亮的举措，首先是给巴蜀带来了发展机遇和发展利益。

上川江水陆枢纽驿站

任何地缘文化的钻探，都不能割裂共同史。不得不在正史的命题里再做些溯源。诸葛亮治理巴蜀、开发经济，具体说，有以下几个方面。

第一，务农殖谷。诸葛亮"躬耕陇亩"，深知富国安家的根本就是务农殖谷，足食足兵。他受遗诏辅政，针对现实，提出"务农殖谷，闭关息民"的方针，使百姓安其居，乐其业。具体措施有两大方面：一方面实行轻徭薄赋保护小农；另一方面威之以法抑制豪强。处于川江上游的白沙、江津河谷地区，土地首次得到了由政府统筹的开垦利用，从而缔造了支撑蜀汉军粮的沿江产粮区。

第二，水利丝织。为了发展农业，诸葛亮十分注重兴修水利。蜀地核心成都平原上，最大限度地用好先秦李冰所修的都江堰，诸葛亮以此堰为农本，视国力所资，设置了专职堰官管理，又征了1200人专职维护。巴地的水利工程，在诸葛亮的倡导下，得到了较为系统的开发。这个时代的白沙区域，承僰人农耕的历史积淀，是上川江地区灌溉农业的重要区域之一。白沙、江津地域，此时有了蚕丝业。因为地理决定了利于蚕桑。这种历史积淀，倡导于先秦李冰，成功于诸葛亮治理巴蜀，直到现代江津县依然是巴蜀重要蚕丝产地。史载诸葛亮在自己家里，种了15顷桑树，身体力行以劝农。蚕丝用作蜀锦的生产。蜀锦工艺是蜀汉秘不外传的商业机密，巴蜀蚕桑产地，将蚕丝输运成都，实行集约化生产。成都一地就有工官户76000人，主要从事织造，可见生产之丰。蜀锦是蜀汉对外与魏吴两国通商的主要商品，驰名全国，质量精美，超过了曹魏。

第三，发展商贸。诸葛亮还注重发展商业，制造"蜀钱"加强流通，平抑物价，稳定货币。为便利交通，诸葛亮大修道路。成渝古道在永川分支后，进入白沙上游的石门古驿，再经水驿抵达今日之白沙。清朝《江津县志》载，江津县城通省城成都历程为 1030里，就白沙地理而言，古人的计程放到今天计算，白沙距离成都，也就 600 里左右。这是蜀汉首都通往东南地域的要道，商旅络绎，运载军粮与蚕丝的官方运输队伍也是穿梭往来其间。再辅以白沙作为上川江著名码头的地位，水陆交通枢纽的位置，顺理成章进入诸葛丞相胸中的蜀汉形势地图。

第四，开源积蓄。诸葛亮治理巴蜀，极为重视开源节流，提倡去奢尚俭。他说："老百姓应该爱好的，是躬耕辛苦，谨身节用，以养父母。节制用财，合于礼节，丰年不浪费，凶年有储备，这也是治国的道理。"蜀地原来奢侈之风很盛，诸葛亮提倡节俭纠正风气。在诸葛亮的带动下，举国上下，人人自爱，节俭成风。大将军费祎，家不积财，儿子们都布衣素食，他本人出入不从车骑，无异凡人。大司马董和死时，家无担石之财。为充实北伐军粮，诸葛亮还贷赋于民，向富民借金筹款。蜀汉时期的白沙地域，因诸葛亮的举措，是川江上游率先得到发展的地区，对诸葛丞相的倡导当然是支持的。既开源，又节流，是以国用足，民财阜。以巴蜀之力，抗伐中原，成为一种感动历史的理念。千秋之下，会让人联想到国难当头的抗日战争时期，白沙人士无私捐献在中国树立的那道最爱国的高标。

白沙作为蜀汉时期上川江水陆枢纽驿站，是诸葛亮治理巴蜀的必然产物。其时白沙驿站的重要性，可以概括为四个方面：一是连接蜀汉东南边境的中转站，二是囤积军粮的储备站，三是运往成都的蚕丝站，四是征集兵员的招募站。以下从两个方面再做一点探讨，以收束此文。

成渝古道分支经白沙通往綦江，再向东或东南通向今湘西、长沙以及黔东南，是以成都为起点的捷径。以长江形胜来看待，独有白沙据其大江陆路交汇要津。从东南攻取蜀地，或者从蜀地出军攻取东南，白沙是水陆用军的焦点。三国末期，魏国猛将王睿先取蜀国，后水陆兼程循此路线攻取东吴。刘邓大军解放四川，取陆路进军，其主力李德生师和尤太忠师循此路进入江津白沙地域。历史巨变时的细节，都在说明白沙地缘的重要性。其实这条古道早就进入了史家视野，唐朝《四夷县道记》载，自江津路南往南平州，乃冲要之道。江津路南就是指这条古道，南平州即今南川。

蜀汉白沙地域，是上川江粮食重要产区和蚕桑产区。白沙作为水陆枢纽，承担了囤积转运军粮和输送蚕丝至成都的责任。调集军粮和蚕丝，是蜀汉政权的两桩大事。为了陆路转运的需要，传说诸葛亮委派赵云在白沙地域按照秘传的图纸，制造了木牛流马。《三国志》对此未着片言只语，《三国演义》第一百二十回对木牛流马的描述绘声绘色、活灵活现，木牛流马解决了几十万大军的粮草运输问题。这种自动化的运输工具，比当今还先进，不用能源，不会造成能源危机。小说家者言，当然不能作为史证。比如《三国演义》描绘蜀国用兵，多者百万，少者十万数十万。这些都不是历史的真实。蜀国最强盛时，总人口没有突破过两百万，军队总数没有突破过二十万人。由于人口少，靠人力运输军粮，一直是困扰诸葛亮的难题。蚕丝相对轻便，运输问题比较好解决。军粮量大沉重，制造某种工具做专门运输是可能的。木牛流马可以作为某种运输工具的称谓。白沙通往成都的古道，尘封着这种运输工具的痕迹。蚕丝输往成都，织造成独冠天下的蜀锦，是蜀汉仰仗的经济、军事支柱产业。蜀锦是蜀国与吴国魏国贸易的主要商品。蜀军军饷，往往发放蜀锦代资，《三国志·张飞传》载："决敌之资，唯仰锦耳"。蜀亡成都城破之时，军粮存数很可怜，然蜀锦库存多达二十万匹。（参《诸葛亮研究》，巴蜀书社 1985 年版第 96 页）在白沙历史地缘问题上，传统认同白沙为巴国地，蜀地蜀锦与巴地白沙，似乎距离有些遥远，但是历史在无声证言：由于白沙地域在蜀汉时期种植业的发展与水陆运输中转驿站的地缘地位，曾经灿烂了蜀文化的蜀锦，也曾编织进了白沙的贡献。

唐代荔枝古道西线起点

第四章

受僰人影响的荔枝种植

在《古代白沙的地缘关系》一文里，我们探析了古代白沙地域与西汉益州第一大郡犍为郡的毗邻关系。这种地缘关系，使得白沙古代种植业直接受到犍为郡的影响。其史证就是巴蜀史志和中原文化圈层的历史类著述和农书类著述，频频提及犍为郡在农耕种植方面的优秀建树。有优秀的邻居存在，倘若古代白沙不去"取经"，可谓匪夷所思。何况犍为郡的设置，是西南民族大融合里程碑式的标志。

古代白沙种植业中的荔枝、桃子、水稻等水果与粮食，直接受了犍为郡的影响。犍为郡之先民，种植业最有建树的当推僰人。换言之，古代白沙人群农耕种植业的师傅，是僰人一族。僰人以善种荔枝、水稻著称。贾思勰《齐民要术》称："犍为僰道、南广，荔枝熟时百鸟肥。"僰人种植荔枝的历史，可以追溯到先秦时期。《秦纪》言"僰僮之富"。《太平御览》引《郡国志》说："西夷有荔枝园，僰僮诸夷中最贤者，古所谓僰僮之富，多以荔枝为业，园植万株，树收一百十五斛。"

僰人得种植业之利缘由，自汉朝以来形形色色的专家公说公有理、婆说婆有理，且上升到最高文化层面。许慎《说文解字·羊部·羌条》注："西南僰人，僬侥从人，盖在坤地，颇有顺理之性。"天行健，地势坤。《说文解字》把僰地与易理八卦之坤扯上关联，我们无妨来点浅显的理解，地势坤者，处于川江河谷低洼地带，水源充沛，土地肥厚，百物葳蕤而长。这样的地理优势，移用到素以粮食果品产出丰硕的白沙地域，何尝不可？中国自古以来的中原文化总是以主流自居，对西南民族少有好脸色，似乎对僰人却是例外。郦道元《水经注》卷三三引《地理风俗记》云："僰于夷中最仁，有仁道，故字从人。"中国自古以农业立国，农耕自然经济是中国古代社会经济的主体，僰人在农业方面的建树理所当然赢得美誉。

古代白沙地域先民从僰人那里学来种植荔枝、桃子的技术，当始于先秦时期。秦汉时期，荔枝、桃子已经成为白沙地域主要果品。这个时期，今白沙上游的石蟆、合江直至泸州、宜宾，是中国荔枝的原产地，也是巴峡荔枝最大的产区。

白居易《荔枝图序》："荔枝生巴峡间，树形团团如帷盖。叶如桂，冬青；华如橘，春荣；实如丹，夏熟。朵如葡萄，核如枇杷，壳如红缯，膜如紫绡，瓤肉莹白如冰雪，浆液甘酸如醴酪。大略如彼，其实过之。若离本枝，一日而色变，二日而香变，三日而味变，四五日外，色香味尽去矣。"这是为荔枝图作的序言，一篇优美的小品文。开头交待荔枝原产地"巴峡间"，这是广大的地域概念。川江峡谷、嘉陵江峡谷地带，都是古人"巴峡"的地理范畴，当然没有排斥今白沙及其上游的河谷地带。这个地理范畴，是随着人们对长江水文地理的认知改变而改变，白沙下游的龙门峡，古称巴峡第一峡，江津下游的猫儿峡，至今仍然称重庆川江段小三峡第一峡。而当代人的"巴峡"概念，是以长江三峡为核心的，其理由出于三峡是巴文化区域。当代人这个概念，是古人"巴峡"概念的缩小。

白居易《荔枝图序》，揭出了荔枝这种果品的特点：若离本枝，一日而色变，二日而香变，三日而味变，四五日外，色香味尽去矣。这和杨梅、樱桃何其相似，所以中国果品文化里，它们仨合称"水果三友"。这样的果品物理特点，于运输、储存都是难题。中国的农耕种植文明虽然同时发祥于黄河、长江流域，但由于黄河流域细腻而疏松的黄土层较适宜于远古木石铜器农具的运用和旱作物的生产，所以农业生产首先在黄河中下游达到较高水平。随着铁制农具和牛耕的普及，中国农耕区的中心，逐渐向土肥水美的长江流域扩展。唐朝时期，白沙地域因川江之故，优良的自然气候条件和生态环境，显示出了农耕经济的巨大潜力。荔枝的外运就是一个突出例子。但由于荔枝不便储运的问题，荔枝生产并没有形成经济支柱产业。也由于荔枝外运的时间太短，在历史长河里如昙花一现。史志的记载是一笔带过，当今的研究者，只能纠缠于种种谜团之中，连形成于大唐天宝年间的荔枝古道其西线起于白沙的水运线也被忽略了。

荔枝古道在唐朝天宝年间的形成，无关经济，也无关军事，只是特供唐宫荔枝的运输专线而已。口味嗜好荔枝的宫廷宠儿香消玉殒之后，特供荔枝的专线就退出历史视野，文人骚客的喟叹与讽喻，有了凭吊的载体，如此而已。当这条古道真正起着经济、军事意义的历史开启，再也不飞船飞马转运荔枝了，却依然以荔枝古道称之。这种名与实的剥离，是中国文化惯用的一种方式，功德无量啊。名亦存，道亦在，按图索骥，就还原了唐专运贡品的荔枝古道。这好比今人能够在发霉生锈的古文字里，读懂《山海经》，读懂《水经注》，闲庭信步之时，凭从中获取的信息指点眼前山川，就连缀了古今。都说中国文化上下五千年没有断层一脉相连，此乃寻常证据之一也。

《新唐书·杨贵妃传》载："妃嗜荔枝，必欲生致之。乃置骑传送，走数千里，味未变已至京师。"晚唐诗人杜牧诗"一骑红尘妃子笑，无人知是荔枝来"即本此。北宋书法家蔡襄对茶叶果蔬多有独到的研究，其《荔枝谱》云："荔枝之于天下，唯闽粤巴蜀有之，唐天宝年，妃子独嗜涪，岁命驿致。"宋朝不乏蔡襄似的多才多艺之人，比如大奸秦桧，是汉字宋体的创始人。引文里的"涪"即涪州，今重庆市涪陵区。蔡襄关于荔枝的研究，让涪陵荔枝抢了荔枝古道的风头，而今涪陵的荔枝文化，就是以特供唐朝宫中荔枝为历史文化由头的。《涪陵志》载："杨妃嗜生荔枝，诏驿自涪陵，由达州，取西乡，入子午谷，至长安才三日，色香俱未变。"

诸如此类的记载，都在说明荔枝道与涪陵的关系。其实，涪陵并非是巴峡荔枝原产地。涪陵本土人士曾超的《枳巴文化研究》（中国戏剧出版社 2014 年 2 月版第 152 页）引《涪陵词典》"涪陵荔枝"条云：秦汉至唐代，涪境皆产荔枝，以城西荔枝园所产最为著名，742—755 年（唐天宝年间）曾为贡品。苏轼《荔枝叹》："永元荔枝来交州，天宝荔枝取之涪。"该页又写道：涪陵荔枝到宋代时已衰败，明万历年间，最后一株唐荔枝被伐。清末复有少量栽培，1987 年普查时，发现百年老荔枝树三株，1984 年以来，先后从合江、广东等地引进荔枝苗木。这样的记载，很实在，没有在荔枝古道上做文章。唐玄宗天宝时期，涪陵的荔枝可以上贡朝廷，白沙川江地域原产地荔枝同样也可以上贡朝廷。这本来是寻常的事情。在毗邻涪州任忠州刺史的白居易没有让涪陵荔枝"专美"，在涪州任了六年别驾的黄庭坚同样如此，因为他们都是巴峡荔枝种植的见证者与欣赏者，尤其是黄庭坚，更是对江津荔枝寄予深情，写下了"荔枝三绝"，让今日举办荔枝节的地方，总是标举出来作为荔枝文化的证据。

白沙江津长江河谷种植荔枝，情形与涪陵可谓大同小异。白沙江津河谷地域荔枝的种植，得僰人传授之先，种植的历史可以追溯到先秦，是巴峡荔枝原产地之一。历史跨进了唐朝，大唐盛世，雍容华贵，演绎了李隆基与杨玉环亦真亦幻的故事。有了故事里女主人公口味的嗜好，荔枝成为贡品。种植荔枝无疑能种出政绩，于是在江津城区沿江一带，以大西门江边高地为龙头，蓊郁出一座荔枝园，周围密植黄荆作为篱笆，以示非请莫入，待价而沽。这个区域，一度成为江津城的黄荆街。时光一晃三百多载，到了北宋时期，荔枝在宫中受宠的风头早已经过去，江津荔枝园的荔枝却依然葳蕤在江风江雾里，其中建园以来最老的一棵元老树，被称为"荔枝王"，果实味道异常鲜美。

公元1100年，被贬戎州即今宜宾的黄庭坚遇赦乘舟顺长江东归。"苏门四学士"这块招牌，显然具有效应。黄庭坚作为苏轼的得意门生，与苏轼在政治上一同沉浮，爱屋及乌，巴蜀有理由格外垂青他。于是江津县衙派出衙役骑坐快马，抄陆路近道到白沙水驿恭迎黄庭坚。都说最美丽的人感情孤独，最优秀的人心灵孤独。九百多年前的音讯虽然难通，黄庭坚却清楚他的师尊兼挚友苏轼在同期赦免从海南岛北返。同样是一路舟车迟迟，一路墨香飘飘，一路诗文勃勃。九百多年过去了，在黄庭坚东归与苏轼北返的路上，专家学者考据而出的是有关两人翰墨诗文题刻的长长清单。有文化包容，在贬窜路上的踽踽独行者，就会变得舒缓而从容。野芳发而幽香，佳木秀而繁阴，缓缓的，静静的，山川似乎弥散着历史岁月的芬芳与甘醇，仿佛在眼前浮动举手可得，又似乎在天边遥不可及。

黄庭坚那只缓缓的归舟，就在这样的氛围里漫不经心停靠在了白沙水驿码头上。这是大文学家、大书法家与白沙的一段缘分。他在白沙稍作停留，那只载着灵感与墨香的归舟，又放舟东下了。抵达江津县城边，有李任道和冉木恭迎。江津古城依山临江，山水乃天然屏障，就省略了灰蒙蒙的城墙。路径从沙滩漫上冲积台地，走进长街与绿树共处的城里，常青藤亲密而热烈地缠绕着树干，正午晶亮的冬阳慷慨地把叶影斑驳地洒在行囊之上。江随山转，江山之间安放着平平仄仄的街道，街道与长江之间，蜿蜒着荔枝林，水墨画一般，浑然一片雾霭的柔媚。

李任道乃江津县尉，冉木是江津县令。两人邀请黄庭坚在荔枝林下心舟亭喝酒品荔枝赏风景，黄庭坚心底最隐秘深锁的诗人灵感已悄然洞开，戎州以下包括白沙直至江津川江两岸如云如墨如画的荔枝树，从此就属于了"苏门四学士"的佼佼者黄庭坚，他随口吟出了《心舟亭次韵李任道食荔枝有感三绝》："一钱不值陈卫尉，万事称好司马公。白发永无怀橘日，六年惆怅荔枝红。今年荔枝熟南风，莫愁留滞太史公。五月临江鸭头绿，六月连山柘枝红。舞女荔枝熟虽晚，临江照影自恼公。天与薜罗装宝髻，更挼猩血染衣红。"

古邑江津的荔枝，有意在唐朝博得风头，却把蓊郁站成了寂寥，幸逢黄庭坚归舟，从此在中国荔枝文化里有了名分。黄庭坚自有一股从容的豪气，回顾贬谪巴蜀六年的酸辛，把对江津荔枝的寄托吟哦成屈原的《橘颂》。这三首有关荔枝的绝句，成为当今举办荔枝文化节的地区不可或缺的演绎，总会被作为几种优质荔枝的文化证据，而对原产地白沙江津抑或说更广阔的巴峡地域，往往就模糊处理了。黄庭坚过江津后五年，卒于广西宜州，消息传来，冉木还在江津任上，遂把心舟亭更名为想涪亭，因黄庭坚晚号涪翁故名。四百多年后，明代曹学佺撰《蜀中名胜记》，对想涪亭有寥寥数十字考据，后再无问津者。曹学佺之后，又是四百多年呼啸而过了，江津城早绝迹了荔枝树，当代江津人多数不知道黄庭坚曾经给江津荔枝以文化名分而毫不遗憾，知情者也不愿为黄庭坚"荔枝三绝"原创地在江津去和举办荔枝节的地方争夺什么"文化名分"。甚至连荔枝黄荆篱笆得名的黄荆街，在前些年也改了名。白沙地域的荔枝，在清末绝迹了。这是荔枝这种果品退出江津大地的历史信号，江津从此遂无荔枝。所以产生于清末的《江津县乡土志》，在"果品"节目下，不记荔枝，而把僰人传入津地的桃子列为果品第一目。该志不把当时江津果品的大宗柑橘列为第一，而列桃子为第一，是对农耕种植业历史的回顾。直到江津农村改革开放，津西地域才从合江引进荔枝苗木，其中石蟆引种量最大，逐渐成为规模化种植，这也算是对历史的一种回顾吧。岁月缔造的历史，总是这样妙不可言。

关于荔枝种植的历史变迁，其实反映了古代一脉相传的农耕经济多元化结构。这正如司马迁在《史记·货殖列传》中所说："待农而食之，虞而出之，工而成之，商而通之，此宁有政教发徵期会哉！人各任其能，竭其力，以得所欲。……农不出则乏其食，工不出则乏其事，商不出则三宝绝，虞不出则财匮少，财匮少而山泽不辟矣。此四者，民所衣食之源也。"

荔枝古道的西线起运站

一般说法是，唐代荔枝古道起点在今涪陵城西荔枝园旧址。作为我们的探析，这里是涪陵上游荔枝汇集的所在，集中在这里，做荔枝离开巴峡产地前最后一次遴选以保证质量。汇集地选在城西，荔枝园位于此是一个因素，迎聚上游来的荔枝也是一个因素。最后一次遴选，是果品外运的惯常做法。比如过去江津广柑外运出川，最后遴选地设在广安火车站。

唐朝天宝年间白沙汇集上游荔枝贡品，经精选包装后，可以取陆路驿道飞马传送到通州（今四川达州）与涪陵荔枝道汇合。也可取水路，直到涪陵城西汇合。水路是古代高速通道，相对陆路耗费人力畜力少，所以汇集白沙的荔枝取水路下涪州是通常路线。陆路在江津境内有两条：一条是经白沙沿江出高占，在龙门滩过江，经今油溪镇境内，斜切通往璧山，走渝北古道通往今合川到达古通州。另一条自白沙出发，经今慈云镇境，过刁家寨子后，翻越鹤山坪，走今重庆外环绕城高速一线的古道，在重庆城下游渡江，合渝北古道，去往古通州。无论水路还是陆路，都造就了唐朝时期的白沙荔枝古道西线起点的历史。水路起运站在驴溪入江口处的丝线桥。

"妃嗜荔枝，必欲生致之。"生荔枝即新鲜荔枝，囿于荔枝"若离本枝，一日而色变，二日而香变，三日而味变，四五日外，色香味尽去矣"之物性，保鲜是个大难题。先民因地制宜，用竹筒储运荔枝，破解了这一难题。这是古代种植业一道奇特的景观。竹子乃巴蜀古代种植业的重要物资，白沙地脉来自娄山夜郎竹国，"地生巨箐"，巨箐者，大竹子也，茨竹楠竹之类。吴芳吉《还黑石山作》写驴溪竹："临岩一俯视，幽篁百万梢""两边篁竹开纱幔，一道瀑泉缀玉旒。"白沙原野多竹，一片一片的竹丛，就是一块一块上天撒播的绿，一点一滴的碧，就是从古代农耕背景里走来的一家一户的广告。以这碧绿为圆心，必定添进人的活动，有躬耕着的大人，也有嬉戏着的小孩，一幅天成的田园画卷宁静着。劳作疲惫的消释，是竹丛疏影里的一瓮老荫茶，醇如川酒的龙门阵，南风不用蒲葵扇，还有几声泉水一样的鸟啼，很随意滴沥在林间。乡村里那一张张被岁月揉皱的脸，因为亲近竹丛而浸染着安详平和。可以想象，失去了竹丛的田园是怎样的田园，失去了竹丛的农家是怎样的农家，农耕文明里失去了竹丛的记忆会是多么荒芜。耕读传家，是农耕文化清白而柔韧的基因，谁说这里面照不出竹子的影子？"宁可食无肉，不可居无竹"，苏东坡的大白话，道出的是农家的心声。有竹林绵延的地方，必有溪流，流水与竹子的和谐，这是刻在白沙土地上最深的印痕。先民和今民，凡涉农耕，竹子的功用可谓无处不在。

用竹筒储运荔枝，是白沙先民的发明。自从有了唐明皇和杨玉环的故事，荔枝之为果品，就浸染了红颜薄命的千古叹息，但竹子介入的这个细节，却往往被文人墨客忽略了。那时荔枝成熟之季，果农们头等大事就是选择贡品荔枝。圆润饱满而没熟透的果子是首选，用剪子之类的工具，除去果柄，避免"翻花"。翻花者，果柄处果皮剥落，晶莹果肉翻出如花之谓也。选好的荔枝，小心装入刚斩下的青嫩竹筒，筒口牢牢密封之后，才能启运到白沙丝线桥荔枝码头。到码头后还有一道工序，即在装有荔枝的竹筒外再套上更大的竹筒，大小竹筒缝隙之间注满驴溪清水，大竹筒筒口同样牢牢密封。驴溪源出深山，泉水集成，水尤清冽，竹筒注水，这是古代的"冰箱效应"。荔枝用平底颀长的特制"荔枝船"运载，装有荔枝的竹筒紧密平放船舱之中，以不能翻滚移动为要，再舀入冰凉的江水注入船舱，营造的是第二道"冰箱效应"。

一只"荔枝船"配备14人，桨手12人，舀潮手2人。"荔枝船"轻便灵活，无需驾长舵手。桨手好理解，舀潮手需做一点诠释。舀潮手又名戽斗手。戽斗是木制的平底盛水容器，形如撮箕，覆以木板盖子，盖子上有手握的把子。川江其他类型的船上不设专职戽斗手，唯"荔枝船"专设。航行过程中，两个戽斗手要不断地把江水舀进船舱和舀出船舱，行船跑船的忌讳说水，戽斗手的工作，有很大气的特称：舀潮！运送荔枝的整个航程里，舀潮的工作从来没有停息过。所以舡斗手是一条"荔枝船"最精壮的汉子。舀进江水的舀潮手喊：上！舀出江水的舀潮手喊：下！彼此呼应，声音短促而节奏感强。这是传达给桨手的划桨指令。12个桨手，同样个个精壮，6人一组轮换休息和划桨，在舀潮手"上下"声中，顺流而下的"荔枝船"速度正所谓"虽乘风驭奔不以疾也"。白沙到涪陵，长长水路，半天时间就到。

输运到涪陵荔枝码头的荔枝，有专人做最后遴选，遴选后的荔枝，亦如在白沙丝线桥启运时的装束，储有荔枝的竹筒用牛皮筋牢牢捆绑在骑手背上，快马节节传递，30里一换人，60里一换马，过达州、洋州西乡，翻越秦岭子午谷，迢迢数千里，三天三夜抵达大唐首都长安南门。此门有宫中膳食太监接货，剖开外面大竹筒，从内竹筒里取出荔枝，色鲜如新摘，味香如初剥。

唐时天宝年间，白沙地域贡品荔枝就是这样"快递"进京的，其间累死了多少人和马，由于没有史料记载，不得而知。历史的荔枝快递，由白沙为起点的水路遗迹无迹可寻了。陆路之"倒马坎"（即快递荔枝累倒累死马匹之处）地名，尚有三处留存至今，分别在白沙与合江之间、先锋镇境内和江津璧山永川三区交界处。

"十里一置飞尘灰，五里一堠兵火催。颠坑仆谷相枕藉，知是荔枝龙眼来。飞车跨山鹘横海，风枝露叶如新采。宫中美人一破颜，惊尘溅血流千载。"这是苏轼《荔枝叹》里的句子。白沙作为荔枝古道西线起点，见证了大唐历史的喜剧与悲剧，既反映了白沙历史的深深痛苦，也反映出白沙的物华天宝。

第五章

白沙人群构成的历史探析

大乡野支撑大市镇的社会结构

　　人是历史的创造者，人是山川的改造者。也就是说，社会结构和自然环境这两大因素，深深地影响着地域文化的形成和发展。黄宾虹《九十杂述》如是说："古今沿革，有时代性；山川浑厚，有民族性"，一语道破了个中三昧。

　　在人类产生以前，地理环境就已经存在。在人类产生以后，完全单纯的自然环境就不再存在。承载白沙人群的白沙地域，地脉起自云贵高原，水脉来自青藏高原，是燕山运动第三期的定格。自然之神显然没有大大咧咧，没有粗粗糙糙。有平畴延展，有高山耸峙，有涓流滋润，有飞瀑滚溅，有大江浪淘。物换星移，文明演进，深得天地之韵律、造化之机巧，让历史神醉情驰。在这块土地上，中生代地层裸呈着肥沃，亚热带季风气候营造着分明的四季。富足而祥和的环境，从历史文化里考察，总是给浮躁以宁静，给躁急以清冽，给高蹈以平实，给粗犷以明丽。江山如是，见实闻花，白沙人群是一个复杂的凝固的历史概念，也是一个全新的流动概念。

　　旧历史模糊了，新文化又续上来。一个脚印接着一个脚印，一道印痕叠着一道印痕，仿佛一抹平沙。追寻，抚摩，感叹。也许，仅能还原一个轮廓，难得有一个澄明的归结。正如抗战时期流亡白沙就读女子师范学院的一代才女吴练青《驴溪月》的咏叹："万事人间马年风，浮云冉冉散秋空。驴溪水印驴溪月，夜半无言独东。驴溪汩汩几多秋，驴月团圆映几洲；此夜溪边人独立，不知何处觅扁舟。升沉驴月跃华辉，驴水东归人未归。游子遥怜同此夜，离魂同向梦中飞。济世无方向玉京，江山犹昔莫伤情；驴溪月色争夸好，四海何时一样清。驴水堤东尽险滩，千秋驴月出林端；万方今夕知何似？千百游鳞过激湍。"

　　白沙大乡野支撑大市镇的格局，是白沙人群赖以生存和发展的物质基础，也是白沙人群的意识或精神的基础。这似乎可以与古人"域分"说参读，即按不同的历史区域和地理区域探析人群构成和与之水乳交融的民俗民风。《汉书·地理志》："凡民函五常之性，而其刚柔缓急，音声不同，系水土之风气，故为之风；好恶取舍，动静亡常，随君上之情欲，故谓之俗。"凡是民众都有父义、母慈、兄友、弟恭、子孝的习性，然而其中也有刚柔缓急的区别，语言口音的不同，这乃是因为地理、气候环境，即水土风物的差别造成的，因此称为风；民众所喜好、所厌恶，所想要与不想要的，以及行动静止没有常规，是因为这些都随着个人的感情欲望而变化，因此称为俗。说穿了，自然环境和社会结果是两大因素。自然环境对地域人群的影响，是自然与人类交融的一个侧面。细分白沙地域，有不同地貌环境和社会环境。旧时的白沙地域很大。南部山区之民，多古朴质实。中部平畴旷野之地，无高山危岩，少荆棘丛杂，生民耕种于深厚土地，日出而作，日入而息，温和笃定，绝无尔虞我诈。滨江之地，大江流淌无浊水，民乘是气，往往清慧能文艺，白沙籍文学艺术类人才，多生长于此区域。繁华大镇邑，生民能领风气之先，外化为享乐浮华、经营牟利、机智百变，虽然聪颖而近于算计，虽文秀而失之奢靡，此乃白沙曾经的"小香港"人群内涵与外延诠释。

无论历史上的白沙还是现实中的白沙，都存在这样一个事实：市井宏大而繁华，乡野广袤而富庶。正所谓"农斯有土，商斯有市"。这样的环境，利于稳固的社会结构的建构，历史上的白沙人口构成，安居乐业是常态。这种常态的表述，借用民国学者张亮采《中国风俗史》的话来说，就是"故士之子常为士，农之子常为农，工之子常为工，商之子常为商"。

这四句画龙点睛的话语，几乎是为白沙量身定做的，因为唯有大乡野支撑着大集镇的社会结构在漫长历史中没有被破坏的区域，才能当得起这四句话。从白沙人口历史构成环境因素分析，有著名的书香门第，有著名的大地主，有世代务农的农户之家，有几代为工人的工人之家，有名商巨贾之家。代表性的家族，如周氏家族和邓氏家族，还有卜氏家族和陈氏家族。白沙地域历史上的士农工商"四民"之中，务农者居多数，但不妨碍农民的后代读书上进。实际上，耕读并重是白沙江津地域浓郁的风情，在历史上连缀成无边的岁月。明朝曹学佺所著《蜀中广记》对江津有这样的评价："畎亩业诗书，有石公恕之风，人多敦睦，有杜莘老之风，士多刚直。"该书被巴蜀史志界论为："盖援据既博，则精粗毕括，同异兼陈，亦事势之所必至，要之不害其大体。谈蜀中掌故者，终以《全蜀艺文志》及是书为取材之渊薮也。"而对江津耕读之风的评价，放在当时巴蜀县份考察，是最为隆重的礼赞。耕读传家是一种具有韧性地域风情，农之秀者为士。如从耕读之家崛起的卞小吾，孙中山先生亲自追赠为辛亥革命烈士，倘若要誉其为国士，也当之无愧。

中心大集镇、乡村小集镇和广袤的乡野，共同作用互相弥补中构成以人为要素的和谐社会结构。中心大集镇和乡村小集镇市井中最高大的建筑，是戏楼，是祠堂，是会馆，是庙宇。除祠堂而外，都是公共场所。会馆与庙宇的形制，颇有些相类，一律高高的风火墙，用一尺多长的青砖，砌成龙的墙脊，次第高上去，仿佛要腾空而去。祠堂关闭的时候多，中元节，各大姓开祠堂，吃堂会，祭祖先，摆席的桌子安放在凉厅子里，数日不撤，一席挨一席，叫流水席，也称长筵挂席。不是本姓的人丁，也可以去坐席，绝对不会遇到麻烦，酒足饭饱后，抹嘴巴就走人，白沙地域俗称"吃抹呵"，抹就是抹嘴巴的意思，呵读若河，依然是乐呵呵的意思。"吃抹呵"的人，多数是乞丐流浪汉，他们熟谙习俗，总是会从四面八方不约而同齐集，让这种白吃白喝的行为蔚然大观。各大祠堂对此不但不忌讳，反而以光临"吃抹呵"的人数多寡来攀比势力和影响，祠堂会的宴席，于是一家比一家办得丰盛，对前来"吃抹呵"的人打躬作揖迎接，可谓礼貌有加待若上宾。这醇厚的风情，唯有白沙这样的地方才会上演，且绵延几多年代。当历史老人打了一个盹，这幅风情画就被卷走了。

以上仅是粗略地从白沙社会风俗的轮廓探析白沙人群的历史风貌，并未真正走近白沙人群历史构成这个核心内容。踏上白沙古镇以及民风醇厚如酒的白沙乡野，洗涤岁月留下的沉积泥沙，叩击大地宽厚的胸膛，在历史苍茫的回音中，撩起了厚重帷幕的一角，就清晰地看到丰富完整的原生态依存，虔诚地倾听来自历史深处的山风水脉，就融进了沧桑岁月深处，看到文明之光的灿烂。

白沙人群对"四川人"的认同感

在前面的篇章里，我们对白沙地理文化做了探析，了解了白沙地域文化处于一个坐标交叉点上，也即巴蜀文化和夜郎文化还有僰人文化交汇的横断面上。在这个横断面上行政区划的划分，白沙地域不隶属于贵州（尽管贵州曾经有过将白沙划归作为长江港口的设想）、白沙地域不隶属于四川而隶属于重庆。川渝分治已经多年，但是白沙人群在文化心理上，并不完全认同自己就是重庆人，换言之，就是割不断"四川人"这个历史文化概念。这是对重庆地缘文化的接受障碍，还是对四川地缘文化的依恋情结？对这种文化认同现象的探讨，有助于从历史深层次上探析白沙人群的构成。这得穿越回到北宋时期，去看看那时的"四川人"。

赵恒是大宋开国皇帝赵匡胤的侄子，从小在皇宫中长大，伶俐聪明，深得赵匡胤喜爱。有一次，他居然跑到了万岁殿，爬上龙床御座，煞有介事坐在宝座之上。恰巧被赵匡胤碰见了，很是惊奇该小子竟然有做皇帝的想法，于是抚摸着赵恒的小脑瓜子问道："天子好做吗？"小小孩儿，回答得妙："听天由命吧！"后来，这个孩子果然受"天命"垂青，在大哥被废黜、二哥短命的情况下，作为"老三"的他，登上了儿时偷偷爬上玩耍过的那尊皇帝宝座。他就是大宋帝国的第三任皇帝宋真宗。宋真宗行事效法唐玄宗，按理他应该被称呼为宋玄宗，只是因为避讳才不得不改为真宗。咸平四年即公元 1001 年，他就在那个宝座上，步了唐玄宗的后尘，颁布了一道与"四川人"称谓由来有关的诏书："分川陕转运使为益、梓、利、夔四路。"

这就是四川的来历。原来，上古时代先民在盆地及其四周创造的那个四川文化圈层，在秦朝时期一分为二设置为蜀郡、巴郡，汉代合为益州，统辖巴蜀二郡。唐朝改益州为剑南道，后分为剑南西川道和剑南东川道，分别在成都和三台设立治所。在唐玄宗以前的行政区划，只有西川与东川，故简称两川。唐玄宗对行政区划作了调整，新增山南西道，辖今陕南、川北地区，治所在汉中。这样，便有了"三川"的简称。加上宋真宗的行政区划调整，"川陕四路"后来被简称"四川"。这种行政区划格局稳定了很长时间，就深深烙上了"四川人"的历史文化胎记。

行政区划人文环境发展变化的速度比自然地理因素发展变化的速度要快得多，而今的白沙人群在文化心理上认同自己是"四川人"，这当然不是"谢主隆恩"似的顶礼膜拜，而是出自一种浸入了肌理的文化追思，一份油然而生的怀旧情义。对于具有码头文化素质的白沙人来说，这点尤其重要，因为白沙人群重传统道义，最忌讳数典忘祖。

这不是为了编写这本白沙的书而廉价或虚假恭维白沙人群。有位文化学者说得好：不论是为了文化的目的而寻祖，抑或是为了寻根而涉及文化，都属于严肃的历史思索，而非简单的表演炒作和文化因袭。回溯历史，解读文化，需要在历史证据的支持下，才能臧否恰当。说白沙人群重传统道义，最忌讳数典忘祖，是有史证支持的。

光绪末年佚名编著的《江津乡土志·地理·卷三》有这样的回答记载："江津各区内有何祠庙？江津各区内共有祠庙一百五十座。"这个提纲挈领的问答之后，开列的是当时江津各区域的祠庙名称，并对著名祠庙简要交代了缘起和规模。文中记载，当时的白沙区域有祠庙 25 座之多，占了江津全县祠庙总数的 1/6。

这些古代留下的祠庙不仅是白沙古建筑的浓缩典范，也是白沙人民的精神瑰宝。祠堂是慎终追远的精神家园，守望着祖先留下来的建筑，历数着某某家族辉煌的历史和离奇的掌故在光阴间游移。《论语·述而》有云"子不语怪力乱神"，此乃儒家文化为主流的中国社会修建庙宇的指导大纲，庙宇兴起后的任何历史时代均不能违背，否则就堕为"淫祀"为主流文化所不容而列入拆除取缔之列。经过岁月淘洗的寺庙，供奉祭祀的或者是神或者是人或者神人兼备，总是在宣扬其"忠孝节义"之举，润物无声中培植着生民的传统道义。旧时白沙地域祠庙如此之多，就是白沙人群重传统道义、忌讳数典忘祖的一种反映。

再举一个例子。清末江津知县国璋，因襄助白沙文化教育事业，白沙人士将他的牌位供奉于黑石山川祖庙。国璋是北方蒙古族镶白旗人，全名为杭阿坦氏国璋，光绪宣统年间，曾三任江津知县，县志载其"有能吏之称"。1877年，国璋奉命办理盐务，为策白沙安全，力劝四川总督丁宝桢在白沙设立盐务巡防军，军额40名，近代江津县有常驻军队自兹开始。其后，国璋将依法没收之作奸犯科官吏田产作为聚奎书院创办启动院产，并亲自出面向富商募集增其经费，玉成了聚奎书院。黑石山最高处的川祖庙，《江津乡土志》载其名为黑石寺，为纪念国璋，白沙人士供奉牌位于寺中，牌位上书"邑贤侯杭阿坦讳国璋大老爷香位"，配祀于川主李冰之侧。当白沙辛亥首义揭竿而起之际，讨伐满清檄文从黑石山发出震响全川，满清县令国璋的牌位却丝毫没有受到冲击。在白沙人民的道义词典里，是非就这样泾渭分明。历史的这个细节，确实让人动容。正是白沙地域数量之多、密度之大的祠庙，让后人能够找到探析白沙人群的历史构成线索。

白沙人群的历史构成

白沙人群的历史构成，与中国历史的几次移民有关。流动是人类生存的基本特征，人文像随风四散的蒲公英。人文历史的经纬，密匝匝如乱麻，若要抽出一根所谓主线，徒劳的多。鸟恋旧林，鱼思故渊，狗认八百里，猫记三千途，老马识归道，狐死必首丘。对白沙人群历史构成的追溯，意义在于探析白沙文化最为灵动的内涵，因为人类社会的发展就是一部人的流动的历史，正是有了不停的流动，社会才能前进。每个人都在为社会的进步默默地推动着。

白沙地域第一次历史移民，是巴人西进、僰人逐渐消退。

在先秦历史上，中国西南地区的生民被人口史学家笼统称为西南夷。其中有被历史误解为自大的夜郎人、温良的僰人、嗜杀的昆明人，有处于青铜之巅的滇人等等。这个时期的白沙地域的原住居民为僰人，僰人建立了僰侯国，其首府在今四川宜宾。上川江沿江冲积土地，是僰人耕作重要区域，白沙江津地域处于僰侯国东部边境，今日的綦江河那时名叫僰溪，姑且可以认定为天然界河。就在僰人安心种作最大限度享受古代农耕生活的时候，不幸降临了。原住今鄂西南清江一带的巴人，受到了勃兴的楚国的驱逐，巴人不敢与之争锋，采用惹不起躲得起的战术，沿清江流域，越过巫山山脉，顺长江西上。巴人使用青铜做成的武器，手拿石器的僰人哪里是对手？僰人退出历史舞台，巴国建立起来了，先秦时期的今白沙地域，是巴国的西部边境。

秦灭巴蜀，古代白沙地域第二次人口大融合。

先秦时期的白沙地域，其实也是巴人西进川江的终点。因为巴人在这个节点上受到了与之实力相当的古蜀国的拦截，不得不停下了西进的步伐。巴蜀这对冤家兄弟，在巴蜀分野处战争连年，从春秋时期打到战国时期，这是古代白沙地域最为动荡的时期，僰人遗留的农耕文明积蓄几乎淘光了，战争地域尽成荒芜之地。处在西北的本来贫瘠的秦国获得发展时间，秦孝公任用商鞅变法，秦国一跃成为战国最强大的国家，宣告巴国蜀国这对冤家，好景不长了。《华阳国志·巴志》载："周显王时，楚国衰弱，秦惠文王与巴蜀为好。蜀王弟苴（侯）私亲于巴，巴蜀世战争。周慎靓王五年（前316），蜀王伐苴侯，苴侯奔巴，巴为求救于秦。秦惠文王遣张仪、司马错救苴、巴，遂伐蜀，灭之。"此时为秦惠文王九年，秦惠王接受司马错的建议，遣张仪、司马错等人率兵伐蜀，取得胜利，旋即又灭巴国。秦灭巴蜀，置巴郡蜀郡。大批的秦兵秦将和家属子女，以及随之涌进的民众留在了巴蜀大地上，成了白沙江津汉族的先民。这是因为战争需要徙边屯戍式的移民。巴蜀虽然灭国了，但巴蜀文化精华渗入秦汉文化，成为博大精深华夏文明长河的一条涓涓细流。

红巾军建立大夏政权，白沙地域第三次人口大融合。

红巾军起义是爆发于元末的一次农民战争。1360 年，红巾军内部分裂，徐寿辉被其部将陈友谅杀死。徐的另一部将明玉珍率兵西上，于 12 月攻占重庆。明玉珍也在重庆称帝，国号大夏。民国版《江津县志·前事志》载大夏政权称："轻徭薄赋，蜀中称治，江津为畿甸邑，勋贵多在焉。"1366 年，明玉珍病逝，其子明升继位，年号为开熙。明升在江津县南 300 里处筑岩门关（今江津四屏镇大观岩），又叫关塔坪，古名雁门关，以防播州（今遵义）之敌，雁门关成了贵州仁怀与江津的分界。明升设清溪县、怀阳县，与白沙形成掎角之势。大夏政权存在了 11 年，白沙区域得到发展机遇，川东第一大镇的格局开始形成。公元 1371 年，大夏亡，四川归明朝统治。红巾军的将士及其家属、明军入川军队留驻在江津地域，这些人丁，共计有白、卞、蔡等二十五姓，有学者也称这次移民为第一次"湖广填四川"，其实是后来大移民的前奏。卞姓人丁，就是元末明初来到白沙的，后来繁衍为白沙望族。

"湖广填四川"，白沙迎来第四次人口大融合。

明末清初持续的战乱与瘟疫，造成四川人口锐减，这是"湖广填四川"的大背景。明万历六年（1578），四川人口总户数为 26 万户，约 131 万人，是为明代四川人口最高峰。到清初四川人口仅残存 62 万左右。江津在明成化十八年（1482）时，有 49461 人，到康熙六年（1667），仅剩下 114 户，1032 人。白沙境内不少地方"全村皆死"，出现了"有可耕之地，而无可耕之民"的境况。社会生产力降到最低水平，面临最严重的社会危机。

清政府在康熙时采取断然措施，用强行与奖励相结合的手段，从湖南、湖北（当时称湖广）移入人口，给予移民最大优惠政策，诸如"凡流寓愿垦荒居住者，将地亩给为永业""开垦水旱田地，三年起科，五年升科""奇荒田耕种，六年起科，荒地耕种，十年起科""零星地土听民开垦，永免升科"，同时，官府给以耕牛、种子、口粮等帮助，以鼓励垦荒生产。

"湖广填四川"是笼统的说法，还有其他省份的移民涌入。这是一场艰难与感动并存的大移民。当时进入白沙的移民，主要来自三条路线。湖北、湖南人，部分广东、福建的客家人由长江进入，这是最易的路线。陕西、甘肃等北方人由陕西古驿道南下进入，这是最近的路线。贵州、云南和部分广东、湖南（接近贵州地域）人由川黔古道进入，这是最险的路线。

移民历程持续了将近一个世纪，因为有长江舟楫之利，白沙这样的沿江地区，是巴蜀经济率先恢复的区域。当时为了吸引移民留驻白沙，在陆路水路要津要道高悬招民旗，旗上书写："插起招民旗，自有垦荒人""奉旨招民填四川治川""白沙乃川江进川必经之地，恳请移民留下治业""白沙水肥土沃，任由诸君开垦""有朋自远方来，不亦乐乎"。抵达白沙的移民安居以后，又去毗邻的合江县"占地报亩，成为花甲"。"花甲"其意等同于后来的"飞地"，即已经落户入籍的移民越界插占土地。到了民国时期，当年的移民后裔已经成为"老白沙"人，他们的先人在合江插占的"花甲"地域，按惯例依然隶属江津县，设置为回龙乡。中华人民共和国成立后，改回龙乡为九层乡，隶属江津县朱沱区，直到 1953 年，江津在合江的这块飞地，才划归合江。

"湖广填四川"迁徙江津的姓氏就有 147 个之多，其中，从湖北麻城县来的就有 101 个姓。艾、包、柴、池、王等姓就是在这个时期迁来白沙地域，王姓繁衍为白沙十大姓之一，艾姓、柴姓、包姓、池姓属于人丁稀少族姓。至清辛亥年（1911），江津县的人口已增至80万左右；白沙镇总人口62397人，为江津第二人口大镇，仅次于江津县城。大批移民的到来，促进了白沙人口繁衍和人种的优化，为近现代名人辈出奠定了基础。人口空间分布的巨大变化，使白沙生态和自然环境发生了根本变化，对白沙的社会结构和社会面貌产生了强烈的震荡和冲击。

抗日军兴，白沙地域第五次人口大融合。

1937年7月7日，卢沟桥事变拉开了抗日战争的序幕。同年10月，淞沪会战、南京会战，均以中国失败告终，国民党决定迁都重庆。重庆成为"陪都"以后，江津县被定为疏散迁建区，以疏散迁建大中专院校和文化研究机构为重头，从而形成了名震大后方的津沙文化区，白沙是津沙文化区核心。当时中国有影响的文化学者有600人左右，与白沙结缘的将近200人。抗日战争时期，是这批学者著述的丰硕期，其著述80％以上完成于重庆，而完成于津沙文化区的著述，就占据了完成于重庆的50％以上。白沙人民在抗日战争中付出了沉重的代价，但是文化融合的成果前无古人。因战争造成的移民战后绝大多数迁移回原籍，但仍有一部分留了下来，如北平来的铁、郎二姓，江苏来的阎、茅两家，湖北来的史、查两族等。他们早已融入白沙社会，成为白沙社会中的一员。

三线建设，白沙迎来第六次移民。

二十世纪六十年代中期开始的三线建设，是新中国成立以后第一次较大规模的西部开发，江津成为人员较大迁徙之地。三线移民进川的有40万人，江津迁来上万人，江津姓氏就增加了68个，其中白沙增加了12个。三线建设移民主体是工业移民，白沙特点却是文化移民，这就是西安工业学校迁建管理系在白沙建立的川南工业管理学校。

三峡工程，白沙迎来第七次移民。

1999年，江津市承担了全国首批三峡库区外迁移民的试点任务，白沙镇属于移民安置镇，安置移民165户、594人，其中，2002年接收安置云阳县高阳镇123户、413人，2005年接收安置丰都县高家镇移民 42 户、181 人。这次移民，增加了谯、芮、米、库等姓氏。

岁月的流逝会改变历史表述的准确性，但这种历史时间概念已经转化为文化界说的依据。回望历史，旨在落脚当代，白沙人群的构成大体是由三部分人组成的。

一是"湖广填四川"之前幸存的少量土著后裔，这是真正地缘意义的白沙人，但漫长的古代已经把这稀少的地缘意义的白沙人冲得七零八落，面目全非，失却了原本的意义。对于当代白沙人而言，并不认同这种稀少的真正地缘意义的白沙人就是祖先，因为他们只是一个亦真亦幻的代号和一道模糊不清的影子而已。以文化的名义探析白沙人群的历史，需得摆正这样的认识。这种认识并非在说真正地缘意义的白沙人可有可无，他们在白沙人群历史演进中担当的是筚路蓝缕、开启山林的角色。

二是"湖广填四川"时期众多外省移民后裔，这是白沙人群的主体，外化的是地缘文化的认同，在实用的时候，认同自己是白沙人，在溯源的时候，一般都能说出入川先祖的原籍，这是地缘文化的回望认同。清末民初兴起的修建祠堂、编修族谱，强化了地缘文化的回望认同。祠堂族谱的兴盛与衰败，不幸牵扯了政治色彩，这是文化探析的一种尴尬现象。地缘回望认同之于一姓一族，是重于泰山的大事。揭开这里面的种种仪式、种种虔诚，我们可以说，当代白沙人群，是天南地北地缘认同的复合群体。这是一种优秀的包容态势，唯有这样，以一镇之域的白沙，才能言其"大"。

三是"湖广填四川"以后定居于白沙地域的移民及其后裔。这是自 1937 年到 2005 年数十年间白沙新增的户籍人口。从文化层面上探析，他们的地缘实用认同感和回望认同感是一种交互作用状态，因为他们与原籍并没有完全隔绝关系，还在探亲往来。比如，移民定居白沙的上海人士，日常在白沙就是白沙人，回到上海就是上海人。两种认同感的交互作用，有助于开放交流，从而造就了津西的开放发展高地。

作为与白沙有过密切关系的人士而言，他们有如雄鹰，飞得再高，也深深眷念着白沙这块土地。兹举二例。"聚奎三杰"之一的张采芹，长期工作于成都，不明就里的成都人以为他是成都人，到其暮年，成都市人民政府决定在其宽窄巷旧居设馆展陈他的艺术作品，征询张老意见的时候，他只提一个要求：陈列前言里，写明"张采芹江津人"。前国防科工委主任丁衡高上将，籍贯江苏南京，抗战时期就读白沙三楚中学。前些年他回白沙"寻根"，急不可耐找到了当年的那口水井之后，接着上街到处寻找他当年吃过的白泡粑。丁将军对陪同人员说：白沙是我的第二故乡。张先生、丁将军对白沙的认同感，丝毫不在白沙本土同胞之下。

白沙人群兼而有之的三种特质

第六章

白沙人群的地缘定位

　　世界上既没有完全相同的两片叶子，大千世界，人各一面，当然不能对白沙人群的特质一概而论。关于这个话题，我们不妨移步换景似的，从历史说起，从大处说起，来探析白沙人群富有代表性的三种特质。

　　川渝未分治的漫长时期，白沙人处于"巴蜀同俗"的四川人大圈子内。这个圈子里，成都人和重庆人是两种不同类型和特点的人群，这决定了巴蜀的多彩多姿，由此两分，把四川人分为以成都为中心的川西人和以重庆为中心的川东人两大类。最早记录这种两分四川人及其分类差异的历史地理著作是《华阳国志·巴志》，其中有一段关于川东川西人的著名论述："江州以东，滨江山险，其人半楚，姿态敦重。垫江以西，土地平敞，精敏轻疾。上下殊异，情性不同。"意思是：江州（今重庆）以东，由于濒临大江，临近楚境，居民多保留较多的巴、楚习俗，显得姿态敦厚庄重，性格狂放强悍；垫江（今合川）以西，土地平坦，由于接近蜀境，居民像蜀人一样，精明能干，却又轻浮急躁。虽然立足于巴地来分析，但是首次区分了川东人和川西人，只是没有提出这两个以地域划分的人群概念而已。这一区分，体现了自然和人文环境对居民性格形成的作用，影响深远。

　　《华阳国志·巴志》还记录了一句汉魏时代颇为流行的俗语：巴有将，蜀有相。这是对上述论述具有形象意义的证明，以致当代的社会学家常用"成都人尚文，重庆人尚武"来描述川西川东人文化品格上的差异。而在民间流传的说法则是：重庆崽儿砣子硬，成都妹仔嘴巴狡。一个"重庆崽儿"，一个"成都妹仔"，一个"砣子（拳头）硬"，一个"嘴巴狡"，都是在说"文"与"武"的文化品格上的差异，刻画得入木三分。

值得关注的是，《华阳国志·巴志》以今合川为节点，把巴国从这里开始以西的地域，当成了"土地平敞"的好地方。这符合历史与现实。这样的好区域，当然进入了《华阳国志》作者的视野，对这一区域民风民俗的记载，几乎就是为富庶的上川江腹心地带白沙量身定制的：

其民质直好义，土风敦厚，有先民之流。故其诗曰："川崖惟平，其稼多黍。旨酒嘉谷，可以养父。野惟阜丘，彼稷多有。嘉谷旨酒，可以养母。"其祭祀之诗曰："惟月孟春，獭祭彼崖。永言孝思，享祀孔嘉。彼黍既洁，彼牺惟泽。烝命良辰，祖考来格。"其好古乐道之诗曰："日月明明，亦惟其夕；谁能长生，不朽难获。"又曰："惟德实宝，富贵何常。我思古人，令问令望。"

这是一幅浑朴的画卷。白屋诗人说：民性千年深厚栽。栽就是地理人文的滋养，至有人类，则渐有群，地理之天气有寒暖，地形有险易，水泉有美丑，草木有刚柔，所以《尔雅·释地》曰："太平之人仁，丹穴之人智，大蒙之人信，空桐之人武。"儒家文化成为主流，"仁义礼智信温良恭俭让忠孝勇恭廉"登堂入室，成为人物评价的最高依据。地理与人文的滋养，民性自然凸显。当代人文学者陈世松有"三分天下四川人"之说：尚文的川西人，尚武的川东人，尚仁的川南人。陈先生此说出笼于1999年，首先得到"巴山鬼才"魏明伦的追捧，其时作为川东人代表的重庆人还未与老四川人分家，分了家以后重庆学者也没有对此"三分说"提出异议，就算默认了。

那么，我们的问题出来了：白沙人群算什么人？就地理人文的区划，白沙在历史上一直处于巴蜀文化分野处，为巴蜀文化熔铸夜郎文化和僰人文化的精华立下过汗马功劳。将白沙人群归之于川东人，地理位置上显然不能吻合，古人的模糊地理中，白沙地域被描绘为"上川江"，并非是古人模糊，其实是古人精明，就是不把这块川江跳板之地随便托付给某一轮廓般划分的区域。将白沙人群归之于川南人，地理位置比较接近，但地缘文明却抵触较大。川南地缘文化，古代的特征是向云贵北部渗透，明清以来，逐渐停息了这种无形的渗透步伐，随着晚清云贵川接壤边境明确与固化，黔北滇北均不再认同自己属于川南人群的划分。与之类似，江津与川南接壤的前沿是白沙，在历史的演进里，川南地缘文化顺江而下的渗透，到今石蟆镇就停止了无形的脚步。白沙地域不属于川南文化圈层，所以白沙人群不属于川南人。至于川西人群与白沙人群的关系，地理间隔更为遥远，在此就不予探讨了。

"一方水土养一方人"是亘古流传的人和地域关系的论述，不同的水土不仅滋养了不同的人，更孕育了不同的文化，人所具有的心理与行为特征深深地根植于当地的文化传统之中，离开了自身所存在的文化，人类的发展就成了无源之水、无本之木。地域的中性与感性这个维度，能促成对地域承载的生民理性的探析。文化和地域是不离不弃的关系，有什么样的地域和文化就有什么样的人群。人文是灵魂，无须在白沙人群的地域归属上去费周折。陈世松先生三分天下四川人，当然不可能像本书这样直接定位白沙人群。三分法，三种特质，白沙人群兼而有之。这是人文历史辩证法，更有白沙特有的地理与人文作为栽培这三种品质的深厚土壤。

第六章　白沙人群兼而有之的三种特质

尚文的白沙人群

　　白沙处巴地西缘上游，自古得蜀地风气影响之先，其经济形式接近开化早于巴地的蜀地，由于生存环境优越，古代发达的农业种植、航运经济，现代闻名遐迩的"小香港"，在浇灌出一方繁荣富庶的沃土的同时，也铸造了上川江开放的大集镇。从而决定了白沙人群"君子厚道，小人鬼黠""文多于直，民性循柔"，其外化就是尚文。上引之小人，并无贬义，是指寻常庶民，鬼黠也即聪明多智慧。文风表现出一种刚直，民性循柔即行动中规中矩。这些都是尚文人群表现出来的一种特质，就能流布成为一种传之久远的非物质性文化遗产。

　　很容易就举出了证据。吴芳吉幼时移居白沙，白沙可谓是其诗歌艺术的原乡，把吴芳吉定位为白沙人，恐怕谁也不会质疑。他10岁时写出的《读外交史失败书》，慷慨陈词，声讨了卖国求荣的封建王朝，鞭挞了帝国主义侵略蚕食中国的罪恶行径，为处于水深火热中的社稷民生发出了"我欲泣之"的悲愤呼声！芳吉的恩师、革命志士萧湘，对这篇充满激情、文笔遒劲的作文写下了大段评语，结尾处拍案惊奇："以诗论文，有李太白之豪放，兼杜子美的谨严。何物神童，文心狡狯乃尔，咄咄怪才！"吴芳吉一介年幼书生，体现了白沙人群尚文之"文多于直"。当然还有更多的证据。如《聚奎学校为白沙首义布告全川父老文》《聚奎学校歌》《白沙镇歌》等，有的虽不出自白沙本籍文士之笔，却辉映白沙文化史，为白沙人群尚文的特质做了最好的诠释。

　　当然，尚文还有泛化的含义。由于白沙地理环境的优越，商业起步早而发达，居民衣食不期而至，繁荣富庶养成了居民素来注重游乐美食、爱好音乐书画、爱泡茶馆等习性。就饮食而言，白沙是川渝美食的发源地之一。抗战时期胡小石来白沙女师院执教，他推重饮食文化，坦言："平生有三好：一好读书，二好赋诗挥毫，三好东坡肉。"白沙名目繁多的美食让他激赏不已。胡小石在白沙南郊乡野租赁农家偏房的简陋住所，命名"白苍山庄"，并题写匾额挂在泥墙之上。还写有《题白苍山庄》诗："取道飞蓬苦，私怜俲虎新。焚巢无铁鸟，估饭得江鳞。率土终思汉，全身岂避秦。四方无消息，口问绿衣人。"胡小石钟爱弟子，每月发薪水之后，必邀请学生到白苍山庄聚餐，或者到白沙的老字号菜馆品尝佳肴。战时物价腾贵，胡小石月薪虽然不菲，但请学生吃喝时总是食不厌精，薪水总是很快就被他花光，以致要靠借钱过日子。他自我解嘲说：这叫发了薪水充大方，花光薪水喝米汤。在白苍山庄的聚会中，胡小石自创了一道菜，学生们称"胡先生豆腐"，胡小石很得意，抗战胜利后把这道菜的做法带回南京推广，至今还载于"金陵菜谱"。

有关胡小石花光薪水后、靠借贷过日子的情状，曾昭燏《忆胡小石师》一文有这样的叙述："一九四二年，余曾诣白沙谒师。在师家居两宿。时师贫甚，有时不能日具三餐，常不夜膳，忍饥而卧，饥肠雷鸣，至夜半辄醒。曾借米三斗于戚某，戚故富家也，藏黄金甚多，隔二日，闻师已领得女子师范薪，即来索米，师大恨，具还之。师贫窘至此，然见余至，款待甚厚，临别，相送至江津，悲感殊甚，以为不能再见也。盖师于此时，对抗战前途殊抱悲观，陈寅恪有'南渡只应思往事，北归端恐待来生'之句，师每诵之、歔欷不能自禁。"曾昭燏是曾国藩的大弟曾国潢的长曾孙女，中国杰出的博物馆家、考古学家。一代名媛才女曾昭燏因探望师尊，有白沙两日之勾留，这是探析白沙文化的意外发现。这也是历史定数：尚文的白沙，必然引来文雅之人。

至于得白沙灵气之精华的杰出代表——白沙妹仔，更是把白沙人尚文的特质完美展现。白沙出才女、美女，秉历史之机运，得地理之灵秀。白沙新本女中，为巴蜀第一所女子中学。抗日军兴，白沙迁建国立女子师范学院，一时美女才女如云，驴溪平添芳容，引领一代风气，遗韵垂照后世。驴溪半岛，沙城文化渊薮，凡于半岛办学，均将女生院建设在圆润峦头，因地处马项垭，有评女生院风水云：马项之上出马头，银沙风水一望收。从此崛起之女性，多有建树。幽微之存风水，显赫昭于社会，岂能一笔抹杀之？置身此制高点，眺望大江北岸，山似游龙，拱俯来朝；俯视东去长江，孤帆远影。至若晨曦日入，则见大江波光粼粼，山影倒映，江天一色，几点渔舟，两行秋雁。抗战时执教于此的叶广度有《自题驴溪憩影图》诗，其中妙句云："孤亭天地大，陇上一声钟。"白沙的才女、美女，亭亭玉立，白净滋润，表情丰富，神色活泛，声音清脆，水灵花儿一般。有人把白沙妹仔好得一比：音乐中的流行歌曲，舞台上的群众演员。

尚武的白沙人群

农耕，走船，行商，这是历史上白沙人群的三大职业。这样的职业背景，过滤传承了白沙人群强健的体魄，铸造了白沙人群坚强、直率的心灵。白沙是战略要地，与巴蜀有关的战争，古往今来，几乎都牵扯进了白沙。民国的军阀混战，白沙是川军、黔军、滇军争夺的焦点。军阀无义战，质朴敦厚的白沙人有先民的流风余韵，静穆地对待"城头变幻大王旗"，但保境安民是本分，所以整个民国时期，白沙一直是江津县地方武装最强大的区镇。尚武是白沙人群的特质，尚武是白沙人群的需要。

抗战时期有两个流亡到白沙的武汉人，在茶馆里争吵了半天，白沙茶房实在看不下去了，上前轻言细语道：你们下江人脾味硬是好，有啥子争吵头嘛，不声不响去到西河坝，两皮砣就解决了。这个茶房，典型的白沙人，不想费嘴巴劲，怂恿外来人拳头上见高矮。白沙人以拳头解决纠纷，不声不响去到远离市井的西河坝，绝不扯旗放炮，打得赢就打，打不赢认输，打过了，依然是朋友，该喝茶喝茶，该吃酒吃酒，古风如此，民风若斯，令人激赏。

这种尚武风情，直到当代还在上演。这绝对不是给白沙综合治理抹黑。笔者1980年就读驴溪半岛江津师范学校，回忆此段经历，写有《驴溪札记》，其中有记道：

驴溪半岛沟通白沙古镇，有驴溪渡口。渡口位处津师旧校门东畔老龙眼树下，长江汛期至，丝线桥没入水底，辄于斯设渡口，三只驳船串联，实乃浮桥，水涨船高，缆绳系于龙眼树根部，刻勒印痕深数寸。津师校园东沿七棵古龙眼树，有一棵佝偻矮小，乃岁岁年年缆绳摧折之故也。曩时为义渡，余就学津师时，承包风起，义渡嬗变作过渡交费。守护之人，张氏三父子也，酷似三兄弟，均赤裸上身，下着短裤，傲视行人，手拍胴体，作蓬巴之声，津师女生过渡，每每心惊。路人称三父子排序，曰张大张二张三，序群有意乱伦，发泄不满也。渡口时有群殴干戈，多因白沙街上崽儿过渡不纳费而起，此等崽儿，不务正业，爱来津师操场边绕女。余尝目睹张氏父子力战二十余群氓，父抡斧头，两子舞渔叉，自渡头打斗至津师操场边，父子兵一直占据上风。其时，吾阅读《水浒传》，联想迁移，狂赞曰：壮哉张家父子兵，若逢大宋宣和时代，水泊梁山替天行道杏黄旗下，阮氏三雄而外，再添张氏三杰！

尚仁的白沙人群

尚仁是川南人群的特质，白沙地近川南，得风气影响之先。白沙西上 60 里，进入合江，合江是川南东大门，白沙受川南文化影响从先秦一直持续到当代。中国历史上的重大战争，几乎没有摧残到川南，明朝万历年间对僰人的战争只是局部战争，川南元气并未受到多大破坏。此区域人口，所含中古期居民成分比例在全国最高，只有川南地区，才最有资格称"老四川"。新编《宜宾县志》对 48 个大姓 161 个宗支的追踪调查显示，属于明代居民的后裔有 44 个宗支，几占 30%。

倘若在白沙地域做类似的追踪调查，显示的结论或许就是：只有白沙人，才最有资格称老江津人。前面的有关篇章里，白沙地域文化在西汉时期，深受毗邻的大郡犍为郡影响。《华阳国志》载犍为郡"士多仁孝，女多贞专"。这样的记载，很容易就让人联想起为江津男人殉情投江而死的泸州女子谢秋芳，她的绝命诗至今还保留在江津莲花石上。对古代白沙的川南邻居，《华阳国志》还有"俗好文刻、文学，多朴野，盖天性也"等记录与评价。

尚仁并非川南独占，受其影响的白沙大有后来居上的意味。仁就是俗话说的仁义，在白沙方言里，有时可以与慷慨大方相提并论。以礼待人，尊重外来人，善解他人困，是仁义的乡俗写照，见出的是白沙人群的人品。此文不从白沙历史上踊跃捐资抗日等大事件入题求证，只从社会史的角度略作探析。

无论白沙集镇还是乡野，都有一种厚道的传统，对各种手艺人，一律称为老师，倘若延请至家做手艺，必定待若上宾。白沙多茶馆，旧时茶馆都预留有"客位"，最好的茶座，专供外来人使用。老白沙人有一条规矩，即本地人有"代客位开茶钱"的传统，这是自愿行为，有谁愿意代客开茶钱，进茶馆举目一看客位上有人落座，遂向跑堂倌打一声招呼：客位茶钱算我头上。外来客人喝完茶，不用客套，只管走人就是。这样仁义待客，外来人有宾至如归之感，对白沙与白沙人，都有好口碑。白沙上川江商业重镇的形成，与白沙人群仁义敦厚好客的天性不无关系。

旧时白沙多戏楼戏园，一年到头都有戏看。码头上仁号义号袍哥，喜欢出份子请戏班。地方的豪门绅士也不示弱，商号船帮之类，也是请戏班的大户。好的戏班，可以在大戏楼上不断上演好戏。混饭吃的那种末流戏班，叫"逗逗班"，偶尔混上了台面，戏开演不久，就会遭遇群起而攻之，带头的一般是走船的汉子，脱下脚上的草鞋，飞蝗一般砸上台去，勒令停演。此时必有袍哥大爷一类人物登场，躬身作揖，抱拳行礼，连连声称：扎起扎起稳起稳起！这样，那戏才勉强演得下去。第二天晨早，"逗逗班"必静悄悄走人，走人时必有人挡驾，连声喊慢走慢走。原来是码头袍哥老幺，受舵把子大爷之托，在此奉送失落的戏班，包封打开，是雪白的纹银。走江湖的戏班，知道江湖规矩，班主出头，只拿走最小的一个银锭，打躬作揖，连称结缘结缘。

诸如此类的事情，在旧时的白沙很自然地上演着，圆熟着川江大码头宅心仁厚意蕴。白沙本土人士，尚文的成为名士，尚武的成为名将，尚仁的成为名商，就算庶民百姓，也多正直坦荡、良善如水。

割裂来探析白沙人群尚文、尚武、尚仁的三大特质，是容易的事情。这三种特质的交互作用，滋养了多彩多姿的白沙人群。白沙的代表人物，其实也是中华优秀品质的化身，多种品格集于一身，就算千秋之下，亦堪为楷模。

还说吴芳吉吧。他是中国第一个以诗歌号召抵制日货的诗人，也是中国第一个因日本入侵悲愤而逝的文化名流。芳吉自小家庭贫困，营养不良，文弱之人而具铮铮铁骨。当其在重庆朝天门码头只身赴国难之时，慷慨苍凉，大有当年燕国荆卿屠秦之悲壮豪勇。虽享寿仅 36 载，胜活百年多矣。芳吉其为川人之范，国人之范。集中华优秀品质于一身的白屋诗人，赢得伟人和名人崇高评价。毛泽东评"芳吉之春,芝兰其香"(《文强口述史自传·青年追忆》),黄炎培赞"平生志行惟忠爱"(《吊吴芳吉》),吴宓誉"天地英灵气,古今卓异才"(《怀碧柳》)。

再说邓蟾秋吧。一代商业巨子,竭财办学,两袖清风,人淡如菊。修己以安人,是中国儒家文化将个体在群际关系中的定位,邓蟾秋捐资助学兼善乡里,当抗日烽火起国难当头,邓蟾秋先生的情怀就扩展为先天下之忧而忧了。流寓江津的陈独秀就有理由撰联为邓先生七旬贺寿:火学从衡称卓彦,事功耀赫当寿铭。1942年11月11日,国民政府令:"行政院呈,据教育部呈,四川江津县邓鹤年捐助江津县私立聚奎初级中学校暨新本女子初级中学校产款,前后达30万元以上,核与捐资兴建褒奖条例规定相符,除准部授予一等奖状外,转请鉴核,明令嘉奖先进等情;查邓鹤年慷慨捐资,嘉惠学子,洵堪嘉奖,以昭激励,此令。"

白沙人才辈出,俊彦星驰,自有他册丛书详叙。走进古镇,她恍惚间就成了千岁老母亲,数着文化养育的历史,絮叨出诗句般的叮咛。有一脉千古漂碧的溪流和一泓万古流淌的大河,摇曳在她的梦境,酿造了她的诗里乾坤。

第七章

从白沙方言透视人文传承

灌赤方言区的腹心区域

清朝"湖广填四川"移民大潮起，避难进遵义府的巴蜀人及其后裔率先返故乡，在原来富庶的区域诸如白沙等地，率先吹燃了巴蜀文化复兴的火种。就语言文化而言，这星星点点的火种，照亮了一片区域，这就是现当代语言学家所称的灌赤方言区。

从比邻成都的灌县开始地图上的作业，划过巴蜀的温江、邛崃、乐山、自贡、宜宾、泸州、江津、白沙、綦江、秀山、南川等地，划过云贵的金沙、六盘水、赤水、习水、桐梓、仁怀、万山、遵义、绥阳、湄潭等市县，这就是所谓灌赤方言区。这是长江贯穿的西南腹地，坐落着成都、重庆、遵义三座大城市。三座城市在岁月里总是互相呼应。成都人说，整烂就整烂，整烂上灌县。重庆人说，搞烂就搞烂，搞烂上贵州山。遵义人说，跑滩就跑滩，跑滩填四川。

填四川是历史大手笔，历史带着忧郁的面孔隐忍着去完成一个地区抑或说民族复兴工程，背着单纯负着复杂走在弯弯曲曲的古道上，给岁月留下锈迹斑斑的记忆。遵义府的人丁显然在填四川中打了前站，做了先锋，不过他们就是当时的四川人，无缘其实是无心来分享历史的这份伟绩，一任"湖广填四川"的惯常说法流布。遵义府人丁经赤水河出川江沿岸富庶之地是一条捷径，富庶之地是插占为业的首选。当时荒芜了半个多世纪的白沙地域就这样迎接了第一批插占为业的人群。

从方言地图上打量，白沙地域处于灌赤方言区腹心，这是白沙固有的地缘决定的。地缘中心，扮演的总是地理文化主角，保存古老语言亦然。白沙的这种地缘优势，很容易就被抗战时期流寓白沙执教于国立女师院的国学大师胡小石发现了。胡小石是最先系统研究白沙方言的著名学者，以白沙方言为标本，撰有《江津方言志》。

此书是重庆地域迄今为止唯一的一部方言研究著述，胡小石之所以从白沙地域切入研究，在他认为，白沙方言是广袤的灌赤方言区最重要的母语区。胡小石在白沙时期是部聘教授，享受教学一年休假一年的优待，在休假的时间里，他的足迹遍及灌赤方言地域，对白沙方言的定位，绝非草率孟浪。遵义府大娄山以郁郁葱葱的姿态，保留了巴蜀大地真正的母语。随着历史的嬗变、行政格局的变迁，娄山坦然退出巴蜀文化视野，而方言土语的根须，咬定青山不放松，在郁闭的生态环境里少有演变。以白沙方言为代表的灌赤方言抑或说巴蜀方言才成为眷恋历史的古腔古调，以"我思故我在"的姿态，唱着无边岁月的深歌。

白沙方言的语言文化学情貌

民国著名语言大师胡小石抗战时期在白沙女师院任职期间，闲暇或扎在白沙码头苦力堆中，或去山间水滨与农夫村氓闲话，很快就学会了一口流利的白沙土话。掌握了白沙话后，他以此为交流工具，走到了更广大的区域，在实证中不断发现，以白沙方言为发端，写出了《江津方言志》，系统地研究了方言的语音、词汇和语法现象。语音方面，白沙方言声母、韵母和声调系统及其与普通话的比较。白沙方言语音特点是舌尖后声母都并入舌尖前音，无"英"韵的韵尾，保留入声等。词汇方面，采集 4360 条方言词及固定词组，按天文、地理、农事、饮食、迷信、代词、儿化举例等分为 30 类，制成了词汇表，用国际音标注音，必要的附有释义。语法方面，在语序和词缀特点方面进行调查和整理。循着胡先生的引导，我们窥探一番白沙方言的语言文化学情貌。

"不"是否定的表态，白沙人在闭合着双唇之内的口腔里，短促地从鼻腔的气流里爆发出"不"来，不给听者任何回旋的余地，就像空中炸响的那枚鞭炮一样干净利落。在当今中国，白沙方言的"不"，只有浸染着豪爽山东的"中"才可以媲美。再如"一"字，普通话可以轻盈地拖着曳着，白沙方言绝对要删除其尾巴，短促的闭合音，说一不二。

白沙曾为川江屠宰大镇，屠宰帮尊张飞为祖师，修建的张爷庙是川江流域最大的张飞庙。白沙方音说出猪肉羊肉牛肉的"肉"字，是"民以食为天"的希冀，仿佛苍茫口哨的轰鸣，经过岁月侵蚀的犁铧，播放在山风江风里，其实就是古老的《弹歌》：断竹，续竹，飞土，逐肉。品味这入声的"肉"字，深感生命跳不出天地自然的呵护，走过茹毛饮血的时代，千秋万代看不腻的袅袅炊烟，总是无限美好。

有地域偏见的学者说，入声可能是原始人发音结构不发达的时候，发出的一种类似猴子的声调，通古斯的音尾就类似入声；随着中原汉人的进化，已经把原始的入声给摈弃了；目前只有马来猴子、通古斯鞑子、受蒙古鞑子影响比较大的山西人还保留入声。也有学者拍案而起，为白沙方言的入声字辩护，说它是古汉语中最高层次发音，短促且丰富的发音，充满节奏感，铿锵悦耳。富有码头情结的白沙不计较臧否，以博大的胸怀包容着，任外人去质疑、去争论。走进白沙，听听古音古调的川剧清唱是一种享受。扎入有树影的茶馆，听七老八十的白沙人用方音方言聊天也是一种享受。聊黑石山故事，摆东海沱传奇，亦鬼怪亦历史亦神话，在陈芝麻烂谷子的侃谈中，苍茫白沙古镇渐渐幻化为朦胧的诗篇。

白沙背靠娄山余脉，面迎浩荡长江，素来是南北文化缓冲地带，南北文化很容易就杂糅在这里，通过方言保留了这种融合的痕迹。以白沙方言中的动物名称词来看，就能说明这一点。北方官话一般把性别区别词"公、母"放在中心词前面。白沙方言偏不，把定语放在中心词后的构词法是一种叛逆。雄性的家禽，白沙方言用不可考词源的"青"来定性，于是白沙居民就饲养着鸡公、鸡婆、鸭青、鸭母、鹅青、鹅母。家畜名称词则多与北方官话一致，如牛分沙牛（母牛）和牯牛（公牛），猪分母猪和脚猪（公猪），狗分牙狗（公狗）和草狗（母狗）。而猫的性别区分干脆直接保留了古语词"男猫、女猫"的说法。蚯蚓叫做"曲蟮"，在晋代人的书中就有了，这显然属于古语的保存，显然与北方官话是一致的，只是北方被官话"驯化"了，只用蚯蚓，而白沙方言是"蚯蚓""曲蟮"并存着，显示着地缘文化的宽容，也显现着执拗。

先民由于认识水平的限制，种种原始的理解在方言方音里贮存着古风。外来人认为这是冥顽不化也行，其实这是白沙地缘文化的胎记，以活化石的脆响呼吐于白沙人伶俐的嘴巴里。白沙方言对一些动物笼统归类或因其类似熟悉事物而借名命之，如刺猬叫"刺猪"，壁虎叫"四脚蛇"，竹鼠叫"竹牛儿"，认为蜈蚣会发光招致打雷，叫"雷公虫"。白沙原野草木繁盛，于是有草棒（草鱼）、乌棒

（乌鱼），因体型像棒得名。蝌蚪叫"水棒虫"，"虫"是对类属的确认，"水"是对其生活环境的描述，而"棒"则是对其形体的形象描述。蜻蜓称作"丁丁猫儿"，"丁"字就是对其形体的形象描绘，蜻蜓的翅膀与身子呈"丁"字形，眼睛特别大，像猫的眼睛。"丁丁猫儿"其实比"蜻蜓"更具有形象美感。有一首古老的儿歌，就是以这可爱的生灵起兴的：丁丁猫儿绿爪爪，大哥起来打大嫂，嫂嫂哭，回娘屋，一碗豆花一碗肉。儿歌依然在山村里流淌着，是孩子们跳橡筋绳的伴歌，在欢蹦乱跳的儿童旁边，常常有缺牙漏风的太婆跟着吟唱，其音苍凉，老眼婆娑着浊泪。鹅叫"威威"，是鸣声借代了个体，也称"大脚板"，借部分指代全体。关于鹅的歌谣，虽然没有唐诗"白毛绿水红掌清波"的雅致，却直接歌颂劳动：大脚板，铲田坎，铲了三根半，回家吃早饭。用一种丝毫没有矫饰的目光，打量人与土地的关系，就传达了种田人的韧性和痴迷。其实我们古老的民族，就是揣着类似的古老歌谣，天戴其苍地履其黄，盼望绿稻吐穗的早晚和高粱红脸的深秋，延续无边无际没有饥饿的好梦。

走进白沙原野，被称"灶基儿"的蟋蟀在草丛里长吟，被呼为"惊阿子"的蝉儿在树上高唱。这是亘古未变的天籁。坐下来，细细聆听，慢慢收藏。千肠百结，无不被这天籁所透所化，一种意外的喜悦，带着收获的盈盈之心而去。当你走出了白沙，去到灌赤方言区的其他区县市镇，你蓦然发现白沙方言是那些地域通行无阻的名片。倘若像胡小石那样的有心人，心底藏着白沙文化的天籁，去把那些乡谈方音剥开，如尘埃拂去，如莲瓣静绽，最终显出其古朴如初的纯净，就不得不感叹白沙作为上川江腹心大镇文化辐射的无穷魅力。

白沙方言里的某些词汇，貌似俚俗粗鄙，实则博大精深。其文化涵义，犹如林间之垂竹，鞠躬后土，犹如顾本也；恍若江河之沱湾，眷恋源流，是知洄溯也。兹举一列，假巴意思，其意与新巴蜀方言"假打"同。年轻的白沙人说"假打"，上了年纪的白沙人说"假巴意思"，都是在揶揄不够诚实的现象。追踪"假巴意思"语源，回溯巴蜀古史。古巴蜀有个成语"假巴而事"，也就是当今共同语的煞有介事。《华阳国志·巴志》："巴国远世，则黄炎之支；封在周，则宗姬之戚亲。"原来巴国王室不是土著的巴人,而是周朝的宗亲。周朝宗亲世袭的巴王煞有介事按照土著巴人的习俗主持宗教祭祀节日庆典,土著巴人当然产生心理障碍了。古蜀国的王室开明氏其实也是来自老鳖国的巴人,土著居民而已。于是土著巴蜀人滋生了排外意识,嘲笑周封世袭的巴王"假巴而事"。操着"假巴意思"方言的白沙人,不一定知道其来历,却顾本洄溯般的呵护着母语的根须。

白沙至今仍不失为上川江商业重镇,经商谚语与白沙方言的珠联璧合,也是一道瑰丽的人文风情。"大生意靠走,小生意靠守",一语点破白沙商业经营状况,行商多,坐地的小商小贩更多,"走"是赚大钱的需要,"守"是养家糊口的需要,都是一种提醒,全在于经营者自己的把控。"人到地头死,货到码头甩",虽是经商口诀,却浸染了白沙人群的特质,不到最后关头,绝不轻言放弃。商场如战场,人没躺倒在地头并不接近死亡,这是比兴;货没有到码头,绝不丢手,这是核心。此话说得斩钉截铁,可证信念的坚持在白沙人群生意经中的地位,恰如坚守阵地的勇士,喊出的口号是坚持到最后就是胜利,展示的都是一种气势和精神境界。诸如此类的话语是水码头大长江风风雨雨淘洗的结晶,白沙方言与经商谚语结合的现象,颇值得专门研讨,正如《国语》所云,这类葆有活力的文化遗产,乃"俗之善谣也",透过这种言语现象的探析,能让名镇白沙的文化发展史接榫地气。

第八章

北宋建置的商业经济重镇

白沙建置镇时间探析

　　建置史属于人文地理范畴，体现的意义是多维的，一个地域的人口史、经济史、政治史、军事史、文化史等等都沉淀其中。探析白沙文化，建置史是一个重要课题，因为白沙赶上的是中国历史上建置镇的第一班车。

　　白沙建置史，发端于秦汉时期，其源头无妨定位在秦汉巴郡时期，那时的白沙地域属于江州县辖地，县令管理下属各乡，乡设游徼、三老、啬夫（管理大乡）、有秩（管理小乡）。乡的负责人名叫耆老，是乡人推举而出的德高望重长者，故名。里有里正，村有村正，保有保长，邻有邻长。四家一邻，五邻一保，五保一里，五里一乡；一自然村为一村。城市内无村设坊，坊正和村正相同。三老管理下属各亭，亭设亭长。亭长管理下属各里，里设里长。这样一些称谓，开端于两千多年前，只有村这种基本单元格，才保留至今。"乡"的概念消逝于撤乡建镇，这是当代江津行政建置调整的一大特色。历史上的乡，下辖地域为一镇或数镇，地域概念是颇为宽泛的。乡里制从秦汉施行到北宋，在这将近 1200 年的漫长时段里，当时的白沙地域建置了何乡？其辖地是哪些？等等，因为没有实证史志记载的发现，只有付诸阙如。历史的这种留白，是一种遗憾，宛若一团乱麻，正是追踪探析的魅力所在。历史既远也近，理性地探寻，它就凸显于眼前了，那就让我们接近着历史的真实。

　　那就循着既有的典籍，去回望北宋时期白沙作为建制镇的风采。在绝对不能是全息似的摄像，从中能窥探着白沙的历史地理位置、历史经济地位、白沙市镇的发生与发展大势轮廓，也就足够欣幸了。因为有关白沙的史载实在稀少，透过一鳞半爪，企图把白沙还原到历史天幕下，真真是一种既艰辛困难又兴味盎然的事情。

1996 年版《白沙镇志·大事记》第三条载："宋，雍熙四年（987），始见白沙镇名。"该志《建置沿革篇》第一段又载："白沙属十四镇之一，自北宋元丰三年（1080）即已建镇。"关于白沙镇建置时间，《白沙镇志》就出现了两个。至于十四镇，是当时江津县镇的数目，其史料见于北宋神宗熙宁年间成书的《元丰九域志》，其卷八载："雍熙四年，南平县并入江津。江津，州南一百二十里，有汉东、伏市、白沙、长沙、圣钟、石羊、玉栏、灵感、石鼓、沙溪、仙池、平滩、石洞、三槌十四镇。"

上引史料首句，是记录江津县兼并南平县的建置历史，尚未涉及江津县辖区内的建置镇，所以"雍熙四年"不能作为白沙镇建置的时间。第二句里的"州"，是渝州即今日之重庆主城，该句记录的是江津县兼并了南平县以后的地理概况，也就是《元丰九域志》成书时期的江津县概况，即熙宁年间的概况。而今的江津区，位于重庆主城西南，《元丰九域志》所载的江津县包含划归江津县的南平县地域，旧南平县主体区域在今綦江区，所以当时的江津县位于渝州城南方位，是恰当的表述。同时也传达出合并于江津县的南平旧县地域很大，因此决定了在以渝州重庆为原点的江津县方位。今江津城区与那时的渝州主城距离，上述记载几乎相当。

《白沙镇志》"自北宋元丰三年（1080）即已建镇"之说，值得商榷。宋神宗有两个年号，熙宁是第一个，熙宁年间完成《元丰九域志》编修，白沙镇见于记载。元丰是宋神宗第二个年号，把白沙镇建置时间定点在元丰三年，显然与《元丰九域志》的记载不相吻合。

厘清了这些，可以排除白沙建镇的两个时间节点：一是雍熙年间，二是元丰年间。

熙宁年间是 1068 年至 1078 年，篇幅繁复之《元丰九域志》并没有对当时的建制镇——记载具体建置时间，但就此可以确定，白沙建镇，不会迟于北宋熙宁年间的下限，即公元 1078 年。

那么白沙建镇的时间上限在哪年？这个问题涉及北宋的两次重大变法，史称庆历新政和熙宁新政，前者涉及范仲淹，后者牵扯王安石。这两次变法，核心目的是为朝廷聚集财源以增强国力。中国历史上的变法其实一般都是循着这一主题的，但变法的政治家们一般都不会挑明这个核心目的，王安石却把它说穿了，招来儒家文化为主流的反对声一片，王安石只是"十一世纪最伟大的改革家"，却不是政治家。这是题外话。要聚集财源，就得增加商税渠道和商税收入。庆历新政和熙宁新政对此做得可谓细密，清理了行政区划版图，在基层设置镇，将镇纳入承担商税的等级。

北宋中叶白沙地域建置镇，就是这一著名历史背景下的产物。当时江津县地域建置了14个镇，可见建构在经济基础上的改革，力度是很大的。只有经济改革，才能掀开历史的大格局，这是一条历史发展原理。在这两场大改革背景下的探析，我们可以给白沙建置镇上限时间一个定位，即庆历年间（1041—1049），白沙作为千年名镇，这是她的诞生年代，中国历史城镇发展史上由中心大城市拉动区域城镇发展的起步时期，白沙之所以能以一镇之域驰名华夏，在于她有着城镇发展历史起步的制高点。

第八章　北宋建置的商业经济重镇

白沙建置镇代表的城镇意象

　　回到《元丰九域志》收载的北宋江津县十四镇：汉东、伏市、白沙、长沙、圣钟、石羊、玉栏、灵感、石鼓、沙溪、仙池、平滩、石洞、三槌。十四镇域，多数不可考，但可以发现，这是从当时江津县地域由西开始到东结束的一个序群排列。汉东镇即今永川朱沱镇地域，在白沙上游。石羊镇在今油溪镇域，在白沙下游。仙池在今几江镇高牙村，并无集镇遗迹。另外还有位于今綦江区境内的北宋江津县古镇。十四镇大致位置可考的也就汉东、白沙、石羊三镇。

　　北宋建制镇白沙镇地域范畴，不能画出轮廓了，但核心市镇犹在。笔者反复研读了元代脱脱主修的《宋史》相关内容，以及《宋代商税问题研究》（云南大学出版社，2003 年版），得出一个结论，即北宋江津境内建置的 14 个镇，白沙是唯一的"官监镇"。那个时期的夔州路江津县十四镇，唯白沙沿革至今，理由也在于此。放眼巴蜀和全国，像白沙这样从建始至今一脉相传的古镇，也并不多见。

　　而今的白沙镇，在其本土镇域里，是由十余个乡间小集镇众星捧月似烘托而出的中心市镇。历史上的白沙，辖地还覆盖而今的永兴、石蟆、慈云、李市镇地域，乡野小集镇烘托中心市镇的气象更为壮阔。这种现象并非是行政区划建置与调整单方面作用的结果，如果放到市镇发展的历史中去探析，就会发现这是古代白沙地域经济中心的龙头地位所决定的一种大市镇与小集镇以辐射状态分布的必然性。

　　北宋时期，建立在农业生产技术提高、耕地面积扩大、农业人口增加基础上的农业生产发展，矿冶、陶器、造船、兵器、纺织、造纸、制盐、制糖等手工业门类扩大，分工细密基础上的手工业发达，内外贸易繁荣基础上的商业进步，水陆交通、特别是水运的发展以及工商业、服务业人口的激增等因素，共同推动了城市的大发展。在这个大发展浪潮中，延续了千年的坊市制度严重不合时宜，最终崩溃，大城市出现"商业溢出了城市"，这就要求城市规划布局和公共事业管理都与以往有很大的不同，这就是学者们所说的宋代中国发生的"城市革命"。既然"商业溢出了城市"，那就要有全新意义的经营场所来承载，于是大城市就有了自己的外延圈，这就是建置镇。至此，中国历史完成了城镇的理念，落脚到城与镇，可分为三个层次：第一个层次是都城即首都或者陪都，第二个层次是治所城市即县级及其以上行政机构的驻地，第三个层次为市镇主要指建制镇。

城镇的说法从北宋沿袭至今，且城与镇并举，可证镇虽然晚产生于城，却有后起之秀的意义。那么镇又是如何产生和成熟的呢？方志和正史里的市镇志经济志都在告诉我们，镇是由草市发展壮大而来。而草市的兴盛，也是北宋"城市革命"的重要现象。

草市冠以"草"字，是在标明其简易。究其实，草市是由农村交换剩余产品而形成的定期集市演变而来。《中国古代史》对此有精当的论述："在城市的周围及广大乡村中形成了许多定期的贸易集市，北方称集，南方称墟，江淮地区称草市，统称之为坊场。这些坊场是连接城市和乡村、乡村和乡村之间经济联系的纽带，得以使农民自用自食之外的农副产品转化为商品，与市场发生日益密切的关系。"历史学家把宋朝草市向集镇的发展过程，大体分为草市大量涌现、草市向商业集镇演变和商业集镇向手工业专业镇转化三个阶段。草市大量涌现的阶段，根据各地经济发展水平与交通状况，各有不同的集期，如二日一集、三日一集、五日一集、六日一集乃至十日一集等。这种赶场的日期规范，流传至今。到了北宋，由于城市建设彻底冲破了坊、市之间的界线，商店可以随处开设，从而导致了城市内部集市的产生。与此同时，许多城市由于规模的扩大，限于城垣以内的范围已不够使用，商业区域不断向外扩展，与农村中的草市相呼应，从而加快了草市向商业集镇演变。

白沙作为真正意义的市镇，就开始于这个历史背景下，北宋熙宁四年建镇，是一种行政高度的认可，此时的白沙市镇，已经有了相当规模。中心市镇辐射纽带周围草市的格局形成了，而且稳固了千年。这就是白沙周围分布了十余所乡间小集镇的原因。这是中国市镇发展历史带来的必然结果，稳固千年，中心大市镇与乡野小集镇相得益彰，这种根深蒂固的现象，实在值得思忖。

古代行政区划中，州、府之下为县，县是基层的地方行政区，县城是历史上最低层的城市。从这个意义上说，白沙也有过自己草市的历史，至今白沙本土居民，依然称呼白沙为白沙场，就是白沙草市历史的一种反映。在外来人眼里，白沙是一座城。下面为外来人的这种认知寻找历史依据。

白沙"官监镇"代表的社会经济发展水平

白沙镇建置时期的北宋中叶，是中国市镇制度的嬗变期。宋镇的类型，从社会功能角度上区分，可分为政治型、军事型、工商业型、交通枢纽型、综合型等等。另外，从政治与行政管理的角度探析，宋代镇制有"官监镇"与"非官监镇"两个类型，从而开启了元、明、清镇制的先河。所谓"官监镇"，即设专官领治之镇，指宋政府在一些镇中设置镇将、监镇、监当等官吏驻镇管理政治、经济、军事等一项或数项事务，从而实质上形成了一级政府。《宋史·职官志》："诸镇，置于管下人烟繁盛处，设监官。"即指官监镇，是以乡村经济为基础，居住人口较集中，非农业人口比重较大，商品经济较发达，交通较便利的区域性的社会经济活动中心。

如果梳理一下白沙地域从三国蜀汉到唐宋元明清的经济活动，那就有一种白沙作为经济城市的概念。这样的评价，不是夸大其词，下面的有关篇章里，将有论及。经济活动决定了市镇的城市属性，这在宋代就有学者提出了。宋代高承《事物纪原》卷七《州郡方域部三十五·镇》："民聚不成县而有税课者，则为镇，或以官监之。"这是北宋时期白沙镇作为"官监镇"的另一种定义，这个定义是以政府商税收入为重要标准。达到了这一标准，政府就把这样的镇当着城市一样治理。这就是白沙具有城市气象的历史渊源。古代讲究按图籍征税，所以不难理解，《元丰九域志》以及《宋会要》等官修史志，不厌其烦开列出全国各地镇的清单。

这给我们探析白沙文化提供了史证方向。北宋时期的白沙，是以商业经济突出建镇的，商业经济这条线索，就是我们探析的线索。

当代城市规划学者亢亮说："居民聚落、城镇建制，都存在一定的必然性。或因物产资源，或因交通要塞，或因战略区位，而逐渐形成城镇。"清代史学家赵翼曰："地气之盛衰，久则必变。"白沙乘上川江腹地旺盛之地气，到唐宋开始成为交通要塞。唐朝时期，由长安进入巴蜀地区的三大通道即金牛道、米仓道、荔枝道建设完成。金牛道在川西北，距离江津遥远；米仓道止于阆中；荔枝道通过水路延伸到白沙，是江津联系唐都长安的交通要道。宋朝时期，荔枝古道发挥了重要的商贸作用，这条要道进入渝州后，连接滇黔，以白沙为中转站，或循旱路走李市，经江津南路川黔古道入贵州遵义；或溯水路入合江，南转进赤水河，达贵州茅台。白沙分出的这两条商路，是北宋时期陕川黔滇著名商路，有"川盐入贵州，秦商聚茅台"的说法。解析其说法来源，是以白沙为临界点的。白沙在商业经济上的发展，就成为一种历史必然。

衡量商业经济发展的水平，商税等级是重要依据。北宋熙宁年间镇市商税税额，见于《宋会要·食货·商税杂录》。《宋会要》记载，四川成都府路、梓州路、利州路、夔州路四路，共计有镇702个，但绝大多数不承担商税，有商税额的镇数仅有27个。有税额镇分布为成都府路16个、梓州路3个、利州路3个、夔州路5个。

这个时期的白沙镇，隶属夔州路，为有税额镇。《宋会要》所载的四川四路，又名川陕四路，基本上就是宋以后四川行省的范畴，其中的利州路就是今日之陕西汉中地区，后来划归陕西省。在这偌大的四川四路里，只有27个镇承担了当时的"国税"，白沙榜上有名，由此证明了白沙在北宋中叶，就是商业经济重镇。

"重"到什么程度？当时的白沙镇，因为地处夔州路南平军境内，这是史家公认需要政府扶持才能发展的区域，中央政权对这片区域的扶持，有史可证的最早起于汉高祖刘邦。白沙作为建制镇时期的庆历、熙宁两次改革，是不会割断历史的，因为主政者王安石等人，都是饱学之士。在市镇税额制定划分的时候，考虑了地情，把商税税额划分了五等。一等镇年缴税10000贯以上，二等2000～10000贯，三等1000～2000贯，四等500～1000贯，五等500贯。这是全国通用的额度。当时的白沙镇，缴纳的是五等税。

这，不会让白沙历史汗颜。地域的不平衡发展，一直是中国的历史与现实。在地域大环境下处于当时落后地区的白沙镇，能跻身有税额镇，证明了白沙是地域经济发展的佼佼者、排头兵。这一个历史切片，照出的是白沙自强不息的素质。这种素质，经过岁月史反复锤炼淬火。与白沙同时设立的宋代江津地域的镇早已不复存在，唯有白沙裹着历史的风烟一路走到如今。都说中华文化一脉相承，白沙文化可以庄重附议。

据《元丰九域志》载，四川四路一等税额镇只有 1 个，即成都府路名山镇，今名山茶场，茶叶经营在宋朝时期能获重利。二等税额镇利州路和夔州路均无，成都府路 7 个，梓州路 1 个。其余 18 个有税额镇，均为三等及以下。从历史里考察白沙的经济发展水平，可以有这样的认知：在北宋中叶，白沙镇已经是今重庆地域社会经济发展得最好的区域。

第九章

『川东第一大镇』的形成与演变

在治乱纷纭的南宋崛起的上川江重镇

南宋时期，白沙镇进入航运、商业、手工业发展的良好时期。航运的发展是由于宋王朝失去了北方的牛马资源，川西、滇黔的牛马资源成为南宋的战略资源，遂出台牛马政策，实行牛马专运专营，白沙成为牛马专运的上川江起运码头之一，因水而兴的建置镇地位得到提升。南宋局势稳定后，以战备为主要目的的牛马专运浸染了浓郁的商业经营色彩，贩运牛马而外，贩运山货特产成为重要内容，其中贩运茶叶最为典型。白沙作为大码头，长途贩运船帮开始出现，带动了本土商业和手工业的发展。南宋为了保住飘摇的政权，加重了税额以集聚财富与虎视眈眈的北方入侵者抗衡。北宋中叶的建置镇在南宋的统治范围内，大致格局保留了原状，所不同的是多数上升为有税额镇。

在这种背景下，整体发展水平一直处于落后状态的西南地区，百姓为加重课税叫苦连天。其中四川呼声最高，以致出现了以"均贫富，等贵贱"为号召的农民起义。地方官员为了平息事端，在职权范围内，取消了大批镇的建制，以此降低税额。这种"上有政策，下有对策"的做法，让南宋朝廷束手无策。四川的镇批量消失，朝廷鞭长莫及，"天下未乱蜀先乱"成为历史的评语。南宋初期的江津县，起于北宋中叶的 14 个镇只留下 2 个，即白沙镇和石羊镇，作为有税额镇上报朝廷，白沙镇上升为一等税额镇。

历史应该辩证地解析，白沙镇在南宋时期加重了税额负担是一个方面，白沙镇在南宋时期得到发展机遇也是一个方面。南宋白沙镇，抓住了发展机遇，开始跻身巴蜀一等经济重镇之列，进入了与成都府都市圈近郊富庶建制镇相提并论的时代。所谓的发展水平是以经济为量度的，中国古代的历史，几乎都有《食货志》就是这个原因。这个因素最能激发地域发展的能动力。裹着历史的云烟，白沙镇一路走来，走出了风致。民国时期，江油中坝镇、金堂赵镇、江津白沙镇、渠县三汇镇，并称为"四川四大镇"。这是后话。

以"乱"来评说南宋时期建制镇在四川批量消失的特殊历史现象，是古代官方史家的说法，其眼光并没有扫描民生问题，于是民间的史家就添了一句话："天下未治蜀先治"。与上文"天下未乱蜀先乱"互读，才能领悟巴蜀历史发展的主流。南宋朝廷征收"国税"，是为了"国计"，而不顾民生，当然导致行政建制的乱象。国计民生并重，是历史的期望版，乾隆三十三年版《江津县志》引散佚之明嘉靖本旧志序"食货计安，养足食用，政教行矣"，说的就是这个意思。

乾隆本《江津县志》主修曾受一，是古代江津历史上最得民心的县令。新修县志援引旧志序言，含有爱民深意。他为新修的县志作序，开篇就说："江津在蜀，号称难治，宋邑令冉木已言之。乙酉冬，予自珙调此，以铅刀试盘错，又值岁饥，日图赈恤，他务未遑。"把这两句话译成现代汉语，贤县令情状立现：江津县在四川省，号称难以治理。早在宋朝时期，江津县令冉木就有这种说法。1765年冬天，我从四川珙县调任江津知县。凭我的能力，这仿佛是用铅做的钝刀去剖开黄金镶嵌的玉盘。又遇上这年江津大饥荒，我每天筹办赈灾要务，其他事情实在分不出心去料理了。

从唐宋时期开始，朝廷对天下州县划分出考级，作为调配官员的依据。这种考级逐渐定型为四个字，即冲、繁、疲、难。州县地当孔道者为冲，政务纷纭者为繁，赋多逋欠者为疲，民刁俗悍命盗案多者为难。曾公的序言引子，引用了北宋江津县令冉木的慨叹，把我们引回了治乱纷纭的宋代。

白沙在北宋建镇，顺应了历史发展的需要。南宋时期的白沙镇发展，应该是在艰难中求生存的一种写照。北宋建制镇在这个时期不断地消逝是一个证据。就连两宋名气最大的朱仙镇，也没有逃过历史的劫数，在南宋末就名声不再了，而今只有一个村落遗迹昭示着曾经的朱仙镇。一镇一域的盛衰，可以照出一朝一代的荣枯。

白沙镇在南宋时期特殊的经济现象

　　研究宋史的学者提醒我们，南宋建立之初，国土面积只有北宋时期的一半多点，人口也大幅度下降，但来自北方的军事压力却丝毫未减。南宋为了应对战争，常备正规军大约保持在 40 万人，战事激烈时人数还要增加许多。在南宋民众急需休养生息、恢复生产的情况下，如此庞大的军队无论从军需供给还是人员补充上看，都是当时南宋民众的沉重负担。

　　再看税收，南宋初期的国家财政收入平均在每年 4500 万贯左右，其中 1300 万贯左右用于皇室开支，2400 万贯左右用于在和平时期供养军队，其他所有开支只有七八百万贯。而一旦战事爆发，军费会成倍激增。这多出来的费用，政府只会不停地用通货膨胀和增加苛捐杂税的方式转嫁给民间。于是南宋一朝苛捐杂税的科目之多、赋税水平之高，在中国历史上是空前的，经常达到北宋时期的数倍。

　　南宋还得感谢发生在北宋的那两场以提升国家经济实力为主要目的的改革。就算没有了范仲淹、王安石之类的治理人才，建立于北宋中叶的有税额镇之类的制度，南宋顺理成章就沿用了，在沿用过程中，加重税额、增加税种似乎也是顺理成章的事情，因为农商两基础税收，根本不敷国用。南宋要支撑半壁河山，需要种种压榨；庶民百姓企望平安生活，仇恨种种压榨。

　　当时诸如白沙这样的建制镇，无一幸免升格为一等税额大镇。商人和手工业作坊主人不堪繁重赋税的压榨，就得绞尽脑汁多生利，于是有一类人物就应运而生了。后人读史，把这类人物视为奸商，总是有理由的。其实，他们应该算作白沙经济史上第一批弄潮儿，他们一般不盘剥算计庶民百姓消费者，而是敢于钻政府金融空子，以牟暴利。这是经济史上的另类。有时可以悄然开启某个行业，当真相被揭穿以后，历史只能发出无可奈何的叹息。

一座大森林，什么鸟儿都有。一座大集镇，各种人物齐全。南宋时期白沙悄然出现"熔钱"业，就是一种历史的必然。这种行当，不是当今的制造假钞，而是对当时南宋通用的铁钱和铜钱进行重新熔铸的一种牟利行为。这是不是白沙工商业人士的首创，不敢断定。但是这种行当首先出现在四川，则有史料支持。铁钱是铁铸的，铜钱是铜铸的，实打实的硬币。古代铁的价值可观，铜的价值更是如此。在商业活动中，商人们发现，一枚铁钱假如熔化后铸成某一个小物件，价值会比原来的铁钱通用价值翻上几番。铜钱更不用说了。大堆的铁钱，大堆的铜钱，可以熔铸大型铁器和大型铜器，牟利极为可观。于是熔化铁钱、铜钱铸造铁器铜器的行业就悄然兴起。开启于先秦时代的钱币铸造，因为利润的驱动，居然被四川人轻易就颠覆了。这是"天下未乱蜀先乱"的一道历史注脚。难怪宋代江津县令冉木会发出"难治"的叹息。

这种行径，当然为官方所不容，但是禁而不止，是因为这种熔钱的所在，几乎都很隐秘。就当时的白沙镇而言，其铸造业的作坊，安放在遥远的飞龙庙。飞龙庙而今是四面山的一个景区，当时属于白沙镇域，这种属地关系，一直延续到清代乾隆中晚期。这在下文将有论及。今人言及古代江津的冶炼铸造业，多从环境资源入题，少有解读熔钱的历史隐微。不能把历史当成一部简单易懂的教科书，因为历史是一座五光十色的矿藏，就中的蕴含，需得慢慢鉴别。当我们知晓了熔钱业兴起的背景，就明白了为何古代白沙镇将冶炼铸造的大本营安扎在地僻红尘飞不到的深山老林里。

不得不对地域奇特商业现象对大格局即中国通史的影响做一点说明。熔钱业显然扰乱了南宋的金融秩序，朝廷当然拿得出应对之策。于是中国经济史上最早的纸币交子在四川地区率先面世了。这是在政府鼓励下一群富商开启先河的行为，纸币逐渐走出巴蜀，在南宋全国逐渐取代铸钱，不给你钻空子的机会了，熔钱业只有自生自灭了。

这是一场巨大的变革，交子发行之初，是受到抵制的。官方专门人士的解释也是合情合理的，铁铜金银货币过于沉重，比如一贯铜钱自重五斤，繁华的商业性镇市，货币的需求量极大，发行纸币交子，免除了人们特别是商人肩挑车载铸钱到处奔波之苦，便利了商品的交换。这样的解释，影响至今。但当时民间对纸币交子的认知，要达到上述水准需要一个过程。于是交子就作为了麻痹人们意识的一种代称。麻人之物是花椒，巴蜀人不称花椒而称椒子，方言土语的词源接榫中国钱币发展历史。而今的江津，是著名花椒产区，广告说江津花椒麻遍全国，江津人称呼花椒，循着方言土语的根须，一律称花椒为椒子，与交子同音，光听音，最了得的语言学家也不能分出彼此的区别。

两宋的经济，并非像画家笔下的《清明上河图》那样美妙，其实是极其差劲的，这是清醒的史家一向的观点。尤其是南宋税额的不断翻番，甚至不断出现"借买"即超前数年征税的现象，加重人民负担，这在历朝历代首屈一指。南宋的有税额镇不断增加是一个方面，与白沙镇同一时期建置的镇不断消失也是一个方面。一方面是增加税源，一方面是逃避压榨。就今天的江津地域而言，在北宋中期与白沙同期建置的 14 个镇，到南宋中期只剩下白沙、石羊两镇。所以说南宋时期的白沙镇发展，应该是在艰难中求生存的一种写照。历史离我们远去了，其中细节，只好付诸阙如了。这是白沙历史黯淡的一笔，也是光彩夺目的一笔，这样辩证看待，或不为过吧。

《宋史·地理志》载，乾德五年（967），万寿县撤销，其地合入江津县；江津县移治马骡镇。同期，析江津地置鼎山县，不久废。乾德是宋太祖年号，其时江津地域已有马骡镇，应该还有其他镇。或许白沙镇、几江镇就在其中。这样，本文就提出了白沙镇始建的四个时段，其中包括 1996 年版《白沙镇志》所载的两个时段。反映的时间节点，可以归为两个时期：一是北宋初建制镇的探索时期，二是北宋中叶建制镇的成熟时期。关于白沙镇的建置时段，笔者倾向于第二个时期，因为传统建置史虽然属于政治史和地理史交相作用的范畴，但却是经济史的一种反映。至于地方志把几江、白沙、油溪称为江津"三老镇"，是因为几江长期作为古代江津的行政中心，这样的排序是符合历史真实的。

南宋时期的川茶贸易重镇

起于唐朝时期的茶酒等商品禁榷制度，到两宋更加细密，是促进白沙镇商业、航运发展的重要原因。兹以茶叶贩运来说明。

我国茶叶贸易全国统一大市场的出现是从唐代开始的。唐代杨华《膳夫经手录》中编制的唐朝宣宗时我国茶叶产销流向表，收载18种茶，其中产于四川的有3种，排名前三位，可见宋朝时期的白沙镇域，也是中国茶叶的主要产区。

《膳夫经手录》制表载明了四川的三大茶叶，前两种冠名产地，后一种命名蜀茶。排名第一的是新安茶，不许外销，春时供本地使用，可知产量不大。蒙顶茶排名第二，产自蒙顶山一带，岁出千万斤，是川茶大宗，其销售由朝廷管控。蜀茶名列第三，陆羽《茶经》所载的剑南茶区，包括江津县，茶叶多为精品，岁产数百万斤，朝廷划定的销售范围是："南走北越，北临五湖。""五湖"即"五胡"：匈奴、鲜卑、羯、氐、羌。（翦伯赞《中国通史简编》修订本，第3卷第1册，第224页）

宋代茶叶贸易形成了更为稳固的产销市场，市场层次更明，容量更大。北宋熙宁六年（1073），宋朝榷茶前，川陕四路采取的茶叶政策是"听民自买卖，禁止出境"。（《宋史·食货志》）因此各类大小茶园生产的茶叶，可以自由经草镇市交易。熙宁七年（1074）宋廷在成都府路、利州路、梓州路实行榷茶，仅夔州路网开一面，可以自由贩运买卖。（《宋会要辑稿·食货》）

白沙为夔州路西境上川江要冲，因为朝廷特准夔州路不实行茶叶专卖，上川江大码头白沙获得了发展机遇，白沙是夔州路西境上川江要冲第一镇，首先成为上游成都府路茶商荟萃要津。茶叶外运能牟取厚利，实行禁榷的梓州路茶叶，也经陆路从荣昌方向进入白沙，贵州茶叶也云集而来，借水出川。因为规避了禁榷管理的麻烦，白沙镇成为上川江茶叶集散大镇。《宋会要辑稿·食货》载，熙宁十四年（1081），川陕四路上报朝廷的茶叶总产量为3000万斤，但纳入朝廷专卖的仅为500万斤，"尚有二千五百万斤，皆属商贩流转三千里之内"。商人流转的庞大数量的茶叶，多数是经由白沙镇"合法"起运的。这是白沙发展史上颇为厚重的一页，今日白沙古镇多茶馆，与此历史相关。

商人重利，更重经营手段。当时的茶商，都是把分散、零碎的茶叶汇集起来，形成庞大的数量，然后流转到更大的市场上去。这种经营形式，催生了茶叶起运重镇白沙的"包买商"出现。即预先给茶叶生产者一笔钱，组织茶叶生产，待收购茶叶时，连本带利归还。茶商商业资本通过贷放和预定的方式从流通领域向生产领域渗透，控制了茶叶产销。起于民间的经营方式，给朝廷极大震动与启示，于是"其售于官，皆先受钱而后入茶，谓之本钱"。（《宋史·食货志》）

这是中国古代"订单农业"的雏形，这种模式的诞生，与宋代白沙镇有着密切的关联。南宋时期的白沙镇，可谓已经跻身了中国商业名镇。这在于得天独厚的地理优势，更在于善于抓住每一合理的机遇。古镇千年，白发苍苍，却能启示于当下，白沙魅力，就在于斯。

江津县城副极的形成

南宋时期，因为宋廷在商业禁榷政策上对夔州路网开一面，处于夔州路西沿第一镇的白沙，跻身巴蜀商业名镇行列。但这时并未出现"川东第一大镇"的概念，白沙地域不属于自然地理意义的川东，这个概念的出现与凝固，是行政区划设置影响所致，是经济地理的范畴。循着白沙经济发展的线索去追踪，是一种合理的办法。

宋朝时期的白沙镇，开始形成了江津县城副极的地位，这得从当时的行政建置变迁说起。《宋史·地理志》载，乾德五年（967），处于白沙上游的万寿县撤销，其地合入江津县；江津县移治马骏镇；析江津地置鼎山县，不久废。这是宋初的一次大的行政建置调整。这以后，江津县治所即县城就淡出了历史视野，旧治所在的几江镇，也随之默默无闻。在这个时段里，巴蜀史志里也缺失了江津县治所在地经济活动的身影。1996 年版《江津县志》第 69 页载江津县治"元，县治迁回今址"。今址即几江镇，但此记载未载明江津县治此前迁往何处和迁回几江的具体时间，至于从 967 年到元朝一统的 1260 年这两百多年的时间里，江津县治安放在什么地方，就成为江津建置史上最大的一个谜团。县治不能确定位置，县城随之不能明晰，正所谓：皮之不存，毛将焉附？巴蜀史志界为了解开这一谜团，因为没有找到史证材料，徒劳无功。作为一个县份，不能没有县城。找不到两百多年间的县城和县治，江津建置史平添了一段迷途羔羊般的惆怅。于是在江津历史文化心理层面，就滋生了白沙是江津政治、经济副中心的思想。这种思想从古代一路发展到当今，昭示的是白沙作为一脉相承的千年名镇的自信。这种自信是白发苍苍古镇的一种风采，这种风采映射的是它曾经的辉煌。比如与白沙同期建置的成都府路名山镇，是成都府在两宋时期的经济台柱；遵义府的茅台镇是遵义府的经济台柱。似乎可以这样类比：两宋时期的白沙镇，是当时江津县乃至夔州路的经济台柱。

111

宋元鼎革之际白沙镇的衰败

　　白沙镇在两宋的发展成果，被南宋后期开始的蒙元军队大举入蜀的大规模军事行动一扫而光，从而堕入地广人稀的荒凉。人丁锐减，经济自然萧条。可参读《中国人口史》第三卷中，有关辽宋金元时期四川人口变化的记载。白沙作为经济大镇的衰败，是一种历史周期律的反映。从南宋末到蒙元攻占南宋全境的半个世纪，是白沙镇的商业转轨到萧条破败的时期。

　　1227 年，蒙古军队攻灭西夏，乘胜攻占四川关外诸州。1231 年到次年，蒙古军再度抄掠入川，如入无人之境。1235 年，蒙古军大举入川，横扫蜀地，攻占成都府。白沙川江上路的货源从此断绝，商业、航运经济由此发出衰败的信号。1237 年，蒙古军队发起对四川的最后大会战，在重庆府周遭遭到强烈抵抗，迟滞了元蒙一统中国半个世纪。

　　成都府被蒙古军队攻占之际，群集白沙的茶商开始烟消云散。其中多有因贩运茶叶崛起的豪门世家，有的拥有大型船只上百艘之多，占据舟楫优势，于是举家聚族大迁徙大移民。这是战乱时期豪门世族的第一个反应。据四川省文史馆馆员刘焕元先生研究发现，南宋末年，这场因战火促成的巴蜀居民大迁徙，策源地就在江津白沙。这批移民的主体，由富商名门世家构成，因为这类家族，是战争掠夺的对象，同时只有他们才具有远距离迁徙的实力。拥有船只的豪门大族成了战争移民的第一梯队，他们利用元朝尚未一统的地域真空，循着长江水道扬帆离开家园，近者抵达两湖地区，远者抵达长江下游、闽越地区，转进两广地区。刘克庄记录了这一背井离乡的逃亡状况："自蜀有狄难，士大夫避地东南者众，几置乡国于度外矣。"（刘克庄《后村录》卷 66）刘克庄是福建人，南宋山河破碎的见证者，所记应该真实。当时巴蜀的生民，不能远逃者占据多数，靠双脚逃难的，东部的逃入巫溪等地深山中，西部江津白沙一带的，逃进黔北高原。

多数本土居民留了下来，在"抗元""保境"两面大旗下，有序地投入了抗战。这是"天下未治蜀先治"的特别版本，像白沙这样的大镇，各业都向军需产业转型靠拢，原来躬耕土地的农夫，投身修筑山寨堡垒之中，这样一些防御工事，在长江两岸星罗棋布，一律做出向北防御的态势。白沙悄然兴起于宋朝时期的熔钱业，公然转型为冶炼铸造业，从原来的作为大本营的飞龙庙地区，发展成为沿笋溪河、清溪河、綦江河流域布局冶炼铸造大格局。元蒙军队在重庆周遭遭遇强烈抵抗的数十年，是白沙冶炼铸造业飞速发展的时段，南宋朝廷派来专家指导，冶炼铸造技术精进了。当时白沙地域铸造的大马刀，是蒙古骑兵的克星。持刀的战士半卧于地，待敌骑抵近，挥刀斩其马腿，快刀闪过，马腿立断，骑兵颠覆于地，持刀战士跃起，挥刀将其拦腰斩为两段。这种马刀让蒙古骑兵胆寒，见于史籍记载，多有江津造。江津南部山区，古墓发掘中，出土有这种大马刀，虽经锈蚀，但还能一刀斩断碗口粗的乔木，可见其铸造技术之精良。这个时期，当时属于江津辖地的綦江铁矿被发现并规模开采，解决了原料问题，由白沙发端的冶炼铸造业更上台阶，綦江河口的顺江、笋溪河中游的马夫沱，成为两大铸造中心。江津铸造的大炮，小者重三五百斤，射程一里以内；大者两三千斤，最远射程可达四里，名曰无敌大将军。钓鱼城头轰死蒙哥的大炮，就是当时在江津境内铸造的。

强烈的抵抗招致血腥的屠杀，这在南宋遗民与元朝初期文人学者的著述里每每可见。元初士大夫虞集回顾南宋晚期巴蜀战事："蜀人受祸惨甚，死伤殆尽，千百不存一二。"（虞集《道园学古录》卷20）袁桷《清容居士集》卷34载有成都屠城惨状：数日之间，仅成都城中的尸骸便达140万具，城外尚不计在内。重庆方面，合川钓鱼城抗元堡垒成为孤城之时，之前为钓鱼城后合外援的江津、白沙等地域，生民几乎灭绝，荒芜境况为历史之最。

这个时期的白沙镇处于颓败期与复兴期的临界时代，从巴蜀史志以及《中国人口历史》第十二章《南方各区域人口的发展过程》等著述分析显示，像白沙这样曾经富庶且具有特殊地理位置的重镇，其复兴期一般为五十年。这个时间，与清朝"湖广填四川"时间跨度几乎相当。而"湖广填四川"的移民来源，主流是南宋末期巴蜀豪门世家迁徙逃亡的去向。历史发展中这样一些细节，总是让人沉思。

元朝时期白沙镇的复兴

元朝对四川是逐步占领的，这就决定了驻军统治的形式。更由于元朝的政治、法律等等的偏颇，将人分为四等：蒙古人、色目人、汉人和南人，在法律上地位不平等，即同罪异罚。色目人是最早降服蒙古的西域诸国人。汉人即黄河以北原金国统治地区的汉人、契丹人、女真人和高丽人等。南人即黄河以南原南宋统治地区的汉族人及其他少数民族。

元朝法律禁止汉人、南人藏有兵器盔甲，不许养马。民间藏弓十副、铁甲全副、私造兵器者处死刑。在这种背景下，本来最有理由率先兴复的白沙铸造业，受制于法律没有复兴的机会。白沙在南宋开始兴旺的航运业葬送于这场战乱，直到清朝才得以复兴。白沙成熟于南宋末的铸造业，就只能凝固为历史的一个高度。邓少琴先生《江津县志沿革志稿》书写及此，转引《舆地纪胜》载："今江津清溪沟上游八十里地，犹有废铁成堆之迹存焉。"特色产业与丁户繁多，是一个大镇的基本要素，宋末元初的白沙，这两个要素都不具备了。

由于元朝在一统的过程中，在巴蜀遭遇了最强烈的抵抗，蒙哥折鞭，于是元朝统治者对巴蜀治理几乎没有人道。像白沙这样的重镇，一律驻防军队，实行恐怖统治。元朝法律虽然明文规定，杀人者死，但是在执行时却不是这样的。原住居民因故杀死了驻军士卒或其随军家属，必被处死偿命。反之，驻军士卒或随军家属杀死了本土原住居民，只是出一点埋葬费用就无事了。政治上的不平等，法律上的不公正，严重迟滞了经济社会的发展，原住居民伺机纷纷外逃，丁户一直不能上升。白沙这样的重镇，元朝前期其实就是军人屯住镇。北方来的军士及其随军家属在人口构成中，占了70%以上，这是复兴发展的瓶颈问题。

探析白沙历史文化，绕不开这一历史话题，因为任何地域的发展，都不能脱出历史大视野。《元史·地理志》概括元初巴蜀人口，有这样的记载：土著之姓十亡七八。元朝学者揭傒斯对此有一番阐释："惟蜀与宋终始，声教沦洽，民心固结。故国朝用兵积数十年，乃克有定。土著之姓十亡七八，五方之俗更为宾主。"

这是元朝学者客观的评价。由于土著原住居民消失百分之七八十，来自天南地北的屯住军户成了主人。最早进入四川的主要是因作战、镇守而留居的各族军人。王恽《秋涧集》卷86《论西川军役事状》说："西川军人均系山东、河北、山后户。"《元史》卷100《兵志》载，至元二十一年（1284），朝廷批准四川行省以元军1万人"择膏腴地，立屯开耕"。来自北方的元军屯垦人员有限，其后朝廷准许四川地方军人也加入屯垦，但依然难成规模。这是丁户稀少造成的。

《中国人口史》第十二章《西南各区域人口发展过程》对元初四川人口有明细分析。元朝至元二十七年（1290），四川行省辖区有9路3府，但在《元史·地理志》中只有成都、广元、顺庆、重庆、绍庆、夔州6路府丁户记载，户98538，口615772，若加上大量漏籍户口和元史不载的四川其他地域户口，也就四五十万户。这一数据，相当于南宋嘉定十六年（1223）同一地域范围259万户的15%到19%。依此估测数，元朝至元二十七年四川人口密度平均每平方公里只有1.4~1.7户，最多的成都路也只有3户左右。

上述估算数据，当然不能代表像白沙这样区位优势明显的大镇的丁户复兴情况。就上述时段重庆府而言，总人口为93535人，这是《元史·地理志》记载的至元二十七年的人口数据。重庆府人口分布的历史规律显示，人口密集地域有四个分布区：一是府城区，二是江北含合川地域，三是巴县地域，四是江津地域。如果按照这四个人口密集区均分总人口数，保守估算当时江津县总人口2万人左右。

江津人口历史分布规律显示，总人口的三分之一是分布在以白沙为核心的津西片区。由此估算的数据为，白沙为核心的津西片区，元朝至元末年，有人丁 6000 人左右。大凡历史改朝换代之交，人口与经济的复苏，都是从原来的富庶核心区域开始的。在人丁稀少的元初复兴期，有理由认定津西片区估算的 6000 人口就居住在白沙的核心区域。我们在前面的文字与篇章里，已经了解了北宋建置的白沙镇地域很大，今天的白沙镇域，可以视为那时的白沙镇富庶核心区域。而今的白沙镇幅员 238 平方公里，以此面积，去承载至元末年的 6000 人，平均每平方公里人口密度为 25 人。按照中国古代人口户型结构通常为每户人口 6~8 人折算，当时的白沙镇人口密度为每平方公里接近 3 户。

这个估算数据，虽然显示地广人稀，但是能够接近上引《中国人口史》对当时成都路人口密度平方公里户数的估算。其意义在于，通过人口的估算显示，白沙镇是元初四川省经济社会复苏最早的区域之一。尽管这样的复苏举步维艰，但是表明白沙镇在宋元鼎革的转折关头，其文明的进程没有黯哑，且以最大的努力，融进自强不息的境界。否则，白沙古镇，就不能一路走到当今。

第九章　「川东第一大镇」的形成与演变

"赐田户"昭示的历史意义

　　蒙古取蜀的时间长达52年之久，在世界历史上是一个奇迹。蒙古铁骑驰骋欧亚，但在英勇的四川军民面前，则累遭失败，长期束手无策，竟至元宪宗蒙哥死于江津造大炮轰击之下。以宋朝的积贫积弱能做到如此，不得不说是一个奇迹。然而，四川军民也付出了高昂的代价。四川人民大批受到屠杀，人口总数从战争前大约1295万，减至战后大约60万人。合州钓鱼城的陷落，标志着"川蜀悉平"。忽必烈"喜甚"，开始在四川建立新的统治秩序。由此可见，元朝四川的东南部和东部应算最晚归顺的。因为这个艰难的过程，元朝完成一统后，对四川的治理不敢掉以轻心。就四等人的划分而言，四川人被特别划分为第三等即汉人。就税课而言，四川被定为全国税额最低的行省，与两宋时期对四川的榨取有云泥之别。

　　南宋亡，"王师北定中原日"成为画饼，位于最晚归顺区域的白沙很务实地开始了经济社会复苏，这是"天下未治蜀先治"的一种反映。《元史·地理志》记载，"至元十六年，赐四川省参政暑顺田民百八十户于江津"。这寥寥22个字，是江津地方历史与元代正史接轨的入口。这条记载在中国历朝历代的官修正史中，有一个最大的特点或者说亮点，就是在地理志中载入"赐田户"，十分罕见。官修正史对"赐田户""赏封邑"之类的常规操作是记录在人物传记里。也不能说《元史·地理志》将"赐田户"史实载入地理志是一种创新，因为整部《元史·地理志》里，只有"江津县"条目下才有这样的记载，且参读《元史》人物传记，"赐万户""赐千户"的记载也有。赐田户、赏封邑之举，是封建王朝的政治行为，所以史书不入地理志，也不入食货志。

　　先从"赐田户"本身来探讨。"赐四川省参政暑顺田民百八十户于江津"，按惯例是选择富庶之地，这就引出朝廷赏赐晷顺"赐田户"具体位置问题。江津籍的四川文史馆馆员刘焕元先生研究后认定，晷顺受赐的田户位置区域，不见史料确凿记载，但是可以认定为在当时的白沙镇境内。其理由有二：白沙为津邑水码头第一繁盛，乃津邑富厚之区；白沙在元初经济社会恢复在战后的四川为大镇代表之一。这两个优势，当时江津县其他镇域根本不具备，刘先生的研究具有说服力。那晷顺受赐的田户在今白沙镇什么所在？已故江津方志家钟永毅有过考据，认定在白沙西边沿江冲积的肥沃之区即河口一带。"田民百八十户"在元初人丁稀少的复苏时期，其占地面积可以通过上述人口密度分析来估算。当时每平方公里人口密度接近 3 户，由此估算"百八十户"的地域分布大于 60 平方公里，这是后来一个中等乡的辖区面积。晷顺是白沙历史上有正史可稽的唯一由朝廷封赐的"大地主"，这也是元朝统治者掠夺肥沃土地据为私有的一种反映。

再看"赐田户"的政治意义。晷顺受赐田户的至元十六年是1279 年，中国历史上宋元鼎革重要的时间节点。这年三月，南宋降将张弘范率元军在崖山全歼南宋残余部队，末代宰相陆秀夫身背 9 岁小皇帝赵昺投海，张弘范在崖山石壁刻"张弘范灭宋于此"，高奏凯歌而还。南宋遗民在前加刻二字，变成"宋将张弘范灭宋于此"。这样的更改，反映了南宋遗民对元蒙统治的十分鄙视和仇恨，这种情绪延续了很长时间。不需要铁骑横扫了，蒙古族统治者显出一种理性，很有秩序地做一些显示宋元鼎革是顺应了历史潮流的事情，比如表彰奖励在一统过程中有功勋的汉族人，并让他们在原本熟悉的地方起到社会经济复苏的指导人与带头人的作用。诸如此类的做法，昭显出雍容大度的政治水平。在曾经遭遇强烈抵抗的区域，赐晷顺田户，最能说明这种政治水平。晷顺本来是四川抗战时降元的地方官吏，降元后改名晷顺，立刻让人联想到"归顺"的字眼。归顺是元朝对南宋故国的一种倡导或者说一种迫切的政治需要。晷顺本名和行状无史料记载，可知无大的勋业。但既然被朝廷树为了归顺人物中的典型，必定有各种形式的宣传，明朝修《元史》的史家，甄别了有关晷顺的材料，权变处理浓缩记载进入《元史》地理志，从而形成了正史地理志中罕见的个案。将"赐田户"还原到元初时期的白沙镇，说明元蒙朝廷和四川行省注意到了这块已经开始复苏的区域。白沙大镇，由此进入政治大视野，在于顺应了历史大格局。

上川江茶叶贸易重镇的延续

前文提到，元朝四川人被特别划分为第三等即汉人，就税课而言，四川被定为全国税额最低的行省，与两宋时期对四川的榨取有云泥之别。这是元朝政治对四川省特别优待的两大反映，尤其是税额为全国最低，这是四川在中国通史里绝无仅有的现象。元朝是以少数民族一统中华的第一个朝代，南宋灭亡后，"崖山之后无中国"成为汉族文化的一种叹息，乃至被别有用心者利用这种仇恨情绪。但是走进历史，历史会告诉你真相。这也是白沙镇在元朝时期能够复兴的重要原因。上述对四川的两大优待，是元朝在四川建立新的政治秩序和经济秩序的重要反映，就税额问题切入，以探析当时白沙镇复兴的新机遇。

《元史·食货志》记载了元朝主要税收的分行省数据，行省 11 个，主要税种 5 个，即岁粮、酒课、醋课、商税和盐引。分析显示，川省岁粮 229023 石，全国占比 1.82%，岭北（外蒙古）不产粮无岁粮，川省岁粮排名倒数第四位。酒课 7590 锭，全国占比 1.61%，亦排名倒数第四位。醋课 616 锭，全国占比 2.73%，排名倒数第五位。商税 16676 锭，全国占比 1.79%，亦排名倒数第四位。盐税 29910 引，排名倒数第六位。

从中可以看出，元朝时期的四川，并非税额承担的大省。《元史·食货志》的数据还显示，四川岁粮低于毗邻的云南省，只有江浙行省的零头。四川素为产盐重要区域，承担的盐引也只是中等税额。盐引作为盐税名称，源于宋代，元代沿用。《宋史·食货志》："盐引每张，领盐 116.5 斤，价 6 贯。"纳盐税的时候，就以此标准换算。标准由朝廷制定和颁布，倘按宋代旧制换算，元朝川省盐税为每年 179460 贯，这是不菲的数目。税收是封建王朝的财政的重要来源，所以不能一概而论元朝政府没有对四川进行压榨，但相对于两宋，川省可谓受到了朝廷很大优待。

四川在全国形势格局里，地位是非常重要的。元朝一统过程中在巴蜀耗时 52 年，且付出了元宪宗蒙哥殒命钓鱼城的沉重代价，就是最有力的证明。建立新的政治秩序和经济秩序，是治理巴蜀的迫切需要，这是元朝廷清醒的认识，优待四川是政治手段和经济手段并重的形式。白沙作为重镇，迎来了历史的又一新机遇，也就是元朝让利川民的宽松经济环境。

铸造业是白沙在南宋后期应运而生的特殊产业，也不复存在复苏的合理性，因为民间的冶炼铸造，必然冲击了元朝法律的底线。白沙的经济在元代的复苏，选择了茶叶经营。曾经的茶叶商业重镇是一种启示或者说一种继承。垦殖因为战争人丁锐减而大量抛荒的土地，是元朝政府的政策优待倡导，这是茶叶经营的契机。

在本书里，我们一有机会就要强化一个概念：古代的白沙镇域，从烟波浩渺的东海沱之滨，一直延伸到云雾缭绕的四面山，抵达宋元明清时期重庆府与遵义府接壤地带。这种地域概念，我们在后面的有关文章里，会举出史料证据。白沙大镇，地域广大是一种体现。在旧时白沙广大地域里，南部的山区是重要的茶叶产区。

元朝政府在军屯成效不大的局面下，开启了移民入川开发的工程。至元年间，朝廷征调 30 万流民进入夔州路，流民即战争中的"逃户"，失去了原住户籍，国势稳定后被列为流民。这是一批精明的人，朝廷的征调，是以重新注册户籍为优待政策的，因为拥有了户籍，才能享受正常的待遇。这是中国户籍制度自产生以来最能体现治理本领的精华。这大批流民，当时是由路府州县按实际情况分配的，据史志专家们研究，30 万移民当时进入江津县的不会少于 2 万人。江津县衙再作最后一次分配，进入白沙镇的有多少，无史料，不妄断。但白沙作为江津县一等大镇，移民人数不会太少。元朝廷主导的移民开发地方经济的行为，与清朝时期的"湖广填四川"有着相似的背景，但却没有以"插占为业"作为倡导，从而保证政府行为最大限度地有序进行。移民增大了人口基数，首先拉动的是人丁繁衍人口增长。反映在当时的户籍管理上，白沙、江津编户类型，出现了"田户""匠户""军户""船户""茶户"等分类。

"茶户"显然是从"田户"剥离出来的，说明有了专业茶农的出现。元朝时期的白沙镇，处于三级地形上，第一级是南部娄山余脉深丘山林地带，第二级是深丘向浅丘的过渡地域，第三级是濒临长江的冲积地带。第一级区域，由今四屏镇一带开始，襟带而出飞龙庙，进入永兴与中山之间。第二级是永兴山区开始的下降地带，大致到今三口一带结束。第一级和第二级区域，以深丘山岭为主，多雨湿润，常年云雾缭绕，是适宜种植茶叶的地带。南宋时期，白沙成为茶叶集散重镇，本地茶叶开始种植，但没有出现专业"茶户"。元朝开始的经济复兴，因为有移民的参与，政府的主导，在不到二十年的时间里，白沙镇南部茶叶种植形成规模。跨越了元朝和明朝两个朝代，此后就逐渐消失了。二十世纪六十年代，在四面山飞龙庙一带发现了成片的古茶树林，最大的古茶树植株口径有水桶般粗，发现与毁灭往往是成因果关系的，四面山古茶树毁于砍伐式的采摘，无一棵幸存。发现古茶树的地方，是古代白沙镇南部远点。1980 年，在津南山区的清溪沟木皮槽，发现野生茶树六七百株，高十余米，分枝稀疏，树姿直立。经四川省农业科学院茶叶研究所认定"不是云南大叶茶北移次生"，是一种原始茶树，被命名为"江津大茶树"（见 1996 年版《江津县志》第 207 页）。老茶树生在深山之中，立于天地之间，摆着一种古老的姿势，端着一种沧桑的架子，以大山的质朴，提醒着世人什么是根，什么是理性的绳。

以垦殖的倡导形成茶叶生产区域，这和据水陆要津集散茶叶的经济模式有所不同，但是殊途同归，同样促成了白沙茶叶行业的繁荣。朝代鼎革，这样的例子太多，没必要去分辨是"蛋生鸡"还是"鸡生蛋"。元代朝廷显然借鉴了南宋茶榷"唯夔州府网开一面"准许自由买卖贩运的做法以拉动区域性经济。但这种政策起初只是定向销售，准许川茶向西面藏族、羌族自由交易，这是一个相对狭小的销售市场，且囿于运输的难题，几经周转，盈利的空间不大。当时白沙镇的茶叶，经水路上溯至嘉州即今乐山，就得起货下船转为陆运，然后辗转进入西部以远的少数民族地区。因运输条件制约，白沙茶叶经济尚不能回归南宋时期的风光。《元史》有这样的记载：

"官买蜀茶，增价鬻于羌人，人以为患。庭瑞更变引法，每引纳二缗，而付文券与民，听其自市于羌。羌蜀便之。"后来朝廷继续放宽川茶政策，白沙镇茶叶经营才有了顺长江水道东出四川的机遇，去寻找曾经有过的更广阔的市场。

大凡一脉相承的历史商业名镇，都有一种不断寻找商业契机的韧性。"羌蜀便之"的关键词"便"，是商业发展的因利乘便。一旦茶榷宽松，白沙镇就乘势而上了，宋代一驮茶可换四匹马八头牛的盛况虽然不能上演了，但由白沙荟萃通过长江运出的茶叶，有了一个称号，大可看成那个时代的商标，名叫白沙岸茶。白沙岸茶走进江南都市，有了与江南名茶竞争市场份额的机会。通过运河转运，走进了元大都的茶楼勾栏百物市场，也曾有过价格腾贵的辉煌。（参《茶可道》，生活·读书·新知三联书店，2011年2月北京版）岸茶的称谓，早于岸盐的称谓，一个"岸"字，渗透的是依水而兴的商业经济。

元朝没有步宋朝将川茶作为重要税源的后尘，所以元朝正史的食货志里，查不到川茶经营对国家经济的奉献。由于没有重税的压榨，当时的白沙茶商，应该是颇为潇洒自在的一族。那时流行的大众俗文学里，说不准某个富商的原型，就是白沙人。这是农耕经济为主体的商业经济恬淡发展的现象，其文化经济的交流，其效应是多维的。南宋末期迁徙长江下游沿海一带的名商巨贾世家，此时有少量迁回了白沙原籍。狐死首丘，落叶归根，溢满的是一种感恩之情。回来的人虽然不多，但是他们一律是经过历史巨潮激荡后剩下的精英人物。他们带回了当时最先进的造船技术、最先进的航运技术、最先进的纺织技术等等。这些与后来白沙船帮成为川江霸主、与成都蜀锦分庭抗礼的巴缎勃兴等等经济现象，有着必然联系。

到清朝中期，茶叶经营已经不是白沙商业大宗，此时白沙镇及其江津其他地域的茶园，已成衰败，仅有白茶和细茶两个寻常品类。光绪末《江津县乡土志》卷四《物产》载："茶有普茶、细茶、白茶三宗。除本境所产细茶、白茶供食外，其余细茶、白茶均由綦江、南川运来，三里皆可发售。唯有普茶由云南普洱府运来，多在县城、白沙、油溪、朱家沱等处销行。每岁总计三茶约值银四五千两。"引文中"三里"即当时江津县建置的三个里：杜市里、思善里、笋溪里。"三里皆可发售"是指普通的白茶、细茶在县全境销售，划定了口岸销售的普洱茶为岸茶。白沙虽然在经营岸茶之列，但已不是元朝时期的白沙岸茶。白沙岸茶历史，已经少有人提及了，正所谓不在茶中在梦中。

元朝对四川种种政策的开禁，对白沙而言，是种种发展机遇。兹举开酒禁例子，似乎朝廷的理由很体贴四川地情和民情，其实合拍了白沙这种迎来送往天南海北贩夫客商大镇的需要。"以川蜀地多岚瘴，驰酒禁。斋。"这是《元史》的记载。酒性驱寒去瘴，巴蜀酒禁当然开禁，朝廷还要特别为此做一番斋戒的仪式。白沙酿酒业兴起于元代，是因利乘便的又一诠释。至元朝末年，在白沙镇的编户里，"匠户""商户"的数量排名重庆府县辖建制镇第一。

至元朝末年，白沙镇已经走过近四百年的历史。一步一个脚印，即或是踩在历史的断垣残壁上，尘封的总是大镇渐次圆熟的底蕴。中国历史再度安排了一个朝代鼎革的临界点，"川东第一大镇"即将喷薄而出了。

"川东第一大镇"称谓的出现

元末，四川再度兵灾四起，四川行省中心成都灾害尤甚，社会残破，民不聊生。在这种背景下，割据西南地区的明玉珍大夏政权建都城于重庆，在历史上首次把重庆作为巴蜀政治、经济和文化中心。中国古代的战乱当然不是推动历史发展的动力，却是历史变更的必然形式，历史变更总是把各种有为的人物推涌走上前台。一座城，一个镇，倘若处于这个历史前台的重要位置，这城与镇，必然有一番作为。

明玉珍把重庆作为大夏都城，除重庆在元末战乱中社会经济秩序大体完好因素而外，依托重庆可以制内御外也是重要因素。道光年间《重庆府志·舆地志》载重庆形胜："据三巴之腹壤，合二江之洪流，水陆要冲，山川刚险，从来为战守必争之地。而巴县之浮图、二郎更据重关之阻，其前则璧山之重山复岭，永川之扼吭称雄，铜梁连绵乎巴岳，大足依倚乎长岩，皆所以保障西南。而荣昌为巴蜀分界之区，又陆路之冲要也。江津在府上游，前峙鼎山，后临几水。长寿居府地轴，岷江前绕，菩提后依，是固水程之精要也。下而涪州，则扼瞿塘之险阻，为黔蛮之要会……至于綦江、南川为屏于南，莫不依山为城，据水为池。定远、合州拥护于北，尤为汉中要津，北道主人，盖不独江北之险廓，铜锣以为门，据铁关而为隘也，岂非东川一巨镇！"

囊括重庆山河形胜，舒卷雄奇画卷，从中截取与白沙有关联的，做一点浅析。好一座重庆城，"据三巴之腹壤"，白沙位于重庆上游水路 120 公里，是开启三巴的锁钥。当然，上引史料是从拱卫重庆府城的县城与州城着墨的，似乎轮不到点明白沙据重庆锁钥的意义。那只有涵盖在对江津城的描述之中了。"江津在府上游，前峙鼎山，后临几水。"这样的记述，粗略看去似乎有问题，那就是把鼎山与几水安放错了地理位置，因为今天的江津城，被描绘为"几江萦绕于前，鼎山矗立于后"。其实，这只是今人的眼光，古人的描绘其实没有错。一座县城的地理定位，是依据县治即县衙的位置而定的。江津古县衙，在今北固门内江津公安局旧址偏西背靠长江的地段，县衙门朝向城南鼎山方向，因此定位了整座县城"前峙鼎山，后临几水"的格局。山川城池有历史性，这是最大的变数，相对的地理性而言，变数较小，在多数情况下，不能以今人之眼光去矫正古人的眼界。重庆"合二江之洪流"，二江就是大河小河，大河长江，小河嘉陵江。从上述引文中还可以看出，在清朝道光时期，官修的史志里依然把长江称呼为岷江，本书一般不从古称。江津处于重庆城依凭的水道上游，凡是攻取重庆的用兵，都是先取江津，再顺流夺取重庆。而白沙大镇与江津的地理依凭关系亦然，依据长江水道的攻守，不可或缺白沙。据此，就把位于重庆长江水道之西重庆府第一镇，安放进入了大夏都城重庆府的大格局中。

历史告诉我们，明玉珍胸有大志。他占据重庆后，即对重庆府行政区划作出调整。重庆在元代为重庆路，明玉珍改为路刺史府，改后重庆府只辖两县，即巴县和江津县。巴县是府县同城，明玉珍没有把大夏勋贵安置在府城中，却安置于江津县城和白沙镇，以免这些人物在城市里养尊处优。这是有所作为的态势。今日江津区塘河镇境内，发现了将军墓、御史墓等古墓葬；江津区珞璜镇，有宰相坟遗迹。这些其实就是大夏国时期的墓葬，是重要的考古史证。

大夏政权建立于 1363 年，存在了 10 年，明玉珍逝世于 1366 年，其子明升继位，继承了其父"开疆拓土"的大志。大夏国的南征和西征，都是以江津为出发点征调本境军队的。明玉珍占据重庆之初，白沙是重庆路长江水路西部边境重镇，大夏国的南征西征的过程中，把白沙当成本境后勤中心，这是白沙大发展的一个重要时期。夏国的南征与西征，把云南北部和川西纳入了版图。尤其是川西，进入后来的四川省版图，其实是大夏国"开疆拓土"的结果。当时的白沙镇，作为大夏国本境西部川江边防线首镇，担负着兵员调遣、物资补给的角色，其繁忙与繁华，可以想象。

大夏将巴蜀划分为八道。1993年10月四川大学出版社版、陈世松等主编的《四川通史》（第五册）第25页记载：夏政权分蜀地为八道……府置官曰刺史，县置官曰县令。元平定四川后，于至元十六年（1279）"分川蜀为四道"。明玉珍据蜀后，在此基础上所划的八道为：上川西道、下川西道；上川北道，下川北道；上川东道，下川东道；上川南道，下川南道。

大夏实行的是府（州）县二级行政管理制度，上述八道的划分，是一种州县区域分布划分，使之明晰便于管理。也就是说，大夏这个八道并无实质性的行政意义，或者说大夏政权存在只有10年，还没来得及实行八道的行政区划建设，就被明朝一统了。按照大夏八道划分，江津县在上川东道，隶属重庆刺史府。

大夏八道划分是按地理方位划分的，并非准确的划分，由于是对元朝的四川行省区域的细化，所以影响很大，直接被明朝继承沿用。"上川东道""下川东道""上川南道""下川南道""川西道""川北道"常见于明代史书，《明史·职官志》《明会要》《皇明职方图》和《蜀中广记》均有记载。明朝继大夏的"道"，建置为分守道，实际为一种监察机构，分巡守道和兵备道两类。

明朝的下川南道与上川东道接壤于白沙镇，下川南道驻守泸州和叙州，上下川东道为一个驻守道，驻守涪州。白沙镇为上川东道第一镇，在称呼时，被称作川东第一镇，由于白沙镇是上下川东道最大的一个镇，称谓遂凝固为川东第一大镇。白沙镇并非处于地理学严格意义上的川东，由于大夏与明朝地域划分和行政划分的缘故，白沙作为川东第一大镇的称谓就一直沿用至今，这是历史深深烙上的文化胎记。

明朝时期白沙地域行政区划的细化

大夏巴蜀八道的划分，昭示了行政区划细化的趋势。只有行政区划细密了，行政管理才不会摞下空白地带。当时的大夏还在江津南部设立了试验性质的清溪县，在今贵州习水县毗邻旧时白沙镇域地带设立了试验性质的怀阳县，上述二县与白沙镇构成掎角之势，以利于行政事务的快捷实施。但上述二县只有发掘考古实证，却不见于大夏史料与明朝史志记载，表明还处于试验阶段，没来得及实质性地设立。可以这样设想：假如大夏存在的时间更长一些，白沙很可能成为大夏白沙县，因为当时的白沙镇，已经圈入了大夏细化行政建置的实验圈层。

历史没有假设，历史只是朝必然方向发展。大夏细密化行政建置，引起了明太祖身边智囊人物刘基等人的关注，并为明朝行政建置继承和借鉴。这就是上面"上川东道""下川东道"等屡屡见于明代史书的原因。朱元璋灭夏以后，刘基亲自抓了行政建置细密化的庞大工程，其实施就开始于大夏政权中枢的重庆府，江津县首当其冲，其时"川东第一大镇"的白沙，也被细化了。明朝的理由很实在，既然大夏细化行政建置，就应该从此开始推广。

所以明朝的史书和历史学者，对明玉珍称赞有加。这是朝代鼎革绝无仅有的现象。显然，大夏模式给了明朝行政建置正面的影响，其中有白沙、江津率先实施的示范功效。《明太祖实录》评价道："玉珍为人颇尚节俭，好文学。蜀人经李喜喜残暴之余，赖以粗安。然喜自用，昧于远略，而嗣子暗弱，政出多门，国事日去矣。"这是明朝开国皇帝朱元璋的口吻。李喜喜是据蜀的"青巾军"首领，残暴了四川。"红巾军"将领明玉珍建立的大夏，给巴蜀带来"粗安"局面，这是公正的评价，也是对明玉珍的肯定。朱元璋能灭大夏，当然得开列明玉珍及其子嗣的不足，但称大夏为"国"，这比有些官修史书称"伪夏"高明得多。

明朝史官方孝孺在《明氏实录》里评价说："夏主有意于据蜀，蜀方遭青巾之虐，百无一二。夏主幸至，躬行俭约，兴文教，辟异端，禁侵略，薄税敛，一方咸赖小康焉，惜不能谨之于始。私家倍于公室，仓帑空虚，不能展其疆界。历年虽不永，民至今感叹焉，不能文词间尽其贤也。"方孝孺胸襟宏阔，"历年虽不永，民至今感叹焉，不能文词间尽其贤也"，大有惺惺相惜之深意。而"薄税敛，一方咸赖小康焉"云云，大可视为当时的白沙镇得到发展的历史证据。

这里插入一个人物，说的是大夏谋臣虞某。虞某是本名，据说此公乃重庆府江津人士。明玉珍在重庆称帝，招揽人才。虞某凭借能说会道，在大夏朝中做了大学士。《明史》记载1366年，朱元璋已经扫平江南群雄，正待一统天下，却有大夏使者前来招降他。大夏使者何人？正是虞某。他大摇大摆见过朱元璋，吹嘘大夏小王朝："东有瞿塘三峡之阻，北有剑阁栈道之险。古人谓一夫守之，百人莫过，而西控成都，沃壤千里，财利富饶，实天府之国。"当过和尚的朱元璋很笃定，他轻松一挥手，处斩了虞某，却转头沉重告诫身边谋臣武将："多饰浮辞，夸其国大，取人不信。"他还告诫，要取得天下，切不可学习这种大嘴巴作风，因为浮夸是不能取信天下的。虞某是不是江津人氏，考证意义不大，留下的教训意义却大：认同自己家乡，认同地域文化，应该葆有一份清醒，求同存异，实事求是，这是和谐社会需要的一种健全的文化心态。

明灭大夏后，借鉴明玉珍细化行政区划的办法，实行乡里志。明初，江津县下属县城及8乡38里。县城辖东隅、西隅、西关3里。8乡为移风、易俗、清平、忠信、思善、进德、宣化、保安。移风乡辖5里：三峰、石桥、德感、兴孝、江北。易俗乡辖2里：金子、南江。清平乡辖9里：清平、游溪、石羊、登云、灵感、同心、圣中、鲁市、延寿。忠信乡辖5里：鹤山、顶山、圣灯、笋溪、官山。思善乡辖5里：思善、南峰、人高、白沙、碓溪。进德乡辖2里：进德、五脉。宣化乡辖4里：长池、石龙、高詹、罗江。保安乡辖3里：高湖、杜市、珞璜。

在上述行政区划里，白沙镇大镇的格局不复存在了。原来的白沙镇域被划分为思善乡和宣化乡。思善乡驻地思善里即今永川朱沱，南峰里是原白沙镇南部地区，人高里由今日白沙南面一部和今永兴镇组成，白沙里主要是白沙市镇，碛溪里即今塘河镇，塘河古名碛溪，里以溪名。宣化乡驻地长池里，长池里核心地域在今龙华镇西部，高詹即今白沙下游高占，罗江里核心区域在今罗坝。宋元一路走来的白沙镇，被划分为9个里，在江津县38个里中，占比接近1/4。可见未实行行政区划细化前，白沙镇地域东达今龙华镇，东南接壤今李市镇街边，南部直达今四屏镇；西部包括今永川朱沱镇沿江一带和今石蟆镇永兴镇全部，隔江与今石门镇相接。

细化行政区划是明代备战筹集军用物资的需要。元朝在一统中国过程中，在当时隶属于四川省的重庆府和遵义地区遭遇最激烈的抵抗，最终未能统一西南这片区域，使遵义地区以杨氏为首的土司政权保留了从唐朝以来的"国中之国"。明朝建立之初，朱元璋听从刘基等谋臣的主张，剿灭遵义杨氏土司被定为军事国策，明朝为此做了长时间的准备。在平复大夏过程中，发现明玉珍以细化行政格局以利政令畅通和灵活组织生产的办法抑制遵义府做法，于是沿袭下来，并进一步细化管理环节，把白沙区域列为军备筹措的重点地区。

在明初编户制度中，编户为军户、农户、匠户、商户、逃户五大类，以军屯农垦为主要形式，就近积聚进攻遵义的军粮，土地得到了最合理的整治利用，这是古代白沙地域农业最繁荣的时期。当时在白沙建立了大型粮仓，实行军管，形成各业兴旺的局面。明朝对遵义府的军事筹备了近两百年，这在中国战争史上十分罕见，白沙作为军需筹备的重要区域，赢得了两百年的发展时间，形成各业兴旺的局面，川东第一大镇的名声传播甚远。

清代白沙十一都

　　清朝实行都里编户制，既是行政区划，也是经济区划。清初，江津县划分为笋溪、杜市、思善三里，白沙属笋溪里。康熙三十三年（1694），每里分为4单，后改12单为12都，白沙为十一都治所。这个时期的白沙辖地，恢复了宋元时期白沙镇的主要区域。

　　清光绪末年本《江津县风土志》对白沙十一都地域有轮廓记载："笋溪里所属十一都共十保。自津城外泝大江而西上，至白沙场，北界大江，为津邑水码头第一繁盛，距城一百二十里。折而北行至三口场，距城一百五十里。折而西南行至几子场，距城一百六十里。又南行至鹅公场，距城一百八十里。折而西南行至太平场，十一、十二两都交界处，距城三百里。折而东行至毘那场，距城一百四十里。折而西行至永兴场，至城一百六十里。又折而东行至白沙合界。此笋溪里十一都之大略情形也，东西相距八十里，南北相距五十里，为津邑富厚之区。"

　　照引的史料，略作分析。《江津县乡土志》记述白沙为治所的十一都，有两处关键评价，即"为津邑水码头第一繁盛"和"为津邑富厚之区"，这也是清朝时期对白沙的定位。这条史料，还有几点值得注意之处。

　　其一，白沙长江水路"距城一百二十里"昭示了唐宋时期的巴蜀地区，开始了沿长江发展城市与市镇的历史。当时有行政的倡导，沿江城市与市镇有一种统筹的布局。就里程间隔而言，呈一种等分的趋势。就上川江沿江的城市与市镇来看，这种趋势十分明显。重庆城距离江津城水路120里，江津县城距离白沙市镇水路120里，白沙市镇距离合江县城水路120里，合江县城距离泸州城水路120里。通达的水路，就是古代的高速路。当今的高速公路串联起上述城市与市镇，其间隔里程也基本等分。这是历史文化浸入地理的一种反映。

其二，上引史料虽然点明白沙为治所的十一都共计十保，但是列入记载的仅为六保，其中点明的场镇，就是保驻地。这个时期的白沙十一都所属十保分布已不可考。列入的记载的场镇名称古今有异，以白沙为基准的方位定位，也有误记之处。比如，毗那即今毗罗；从白沙市镇开始，"折而北行至三口场"，"北行"应作"南行"。"毗罗"是个比较奇特的地名，如果与"毗那"参读，似乎有音译的痕迹，值得研讨。

其三，上引史料中的"太平场"即今四屏镇驻地老四面山场。太平场是白沙十一都辖地南部最远点，当时是十一都第十保。这第十保辖区，涵盖今日之四屏镇和四面山景区全部，是白沙镇木材薪炭资源区和冶炼铸造区。封建时代虽然以自给自足的自然经济为主体，但从北宋中叶朝廷建置有税额镇开始，就注入了古老的生产资源配置意识，注意建置区域内物产资源的多样性。元宋白沙镇、清代白沙十一都，地域从烟波浩渺的长江东海沱之滨到山高林密的四面山区，就是这种意识的反映。当然，这也是白沙作为大镇的一种历史诠释。其后的建置调整，白沙所辖的太平场地域划归十二都，更名四面场，因旅游需要新建置的四面山镇治所设立于头道河，四面场遂称为老四面场。

其四，《江津乡土志》刊载有地图，上引史料"东西相距八十里，南北相距五十里"是误记，应校正为"东西相距五十里，南北相距八十里"才与白沙十一都地理图吻合。而"东西相距五十里，南北相距八十里"是取图上直线距离，与实际道路距离不一致。旧时白沙市镇通往新太平场，道路行程 240 里，从今天白沙市镇南面的贵州山出发，经老牌坊，走大桥场，过龙吟场，通蔡家岗，溯清溪沟，穿柏林华盖山寨门，至东胜场南面折而西行，沿官岩坪古道，达目的地新太平场。贵州山是清代贵州温水商人在白沙镇购买的"飞地"，作为马帮饲养驻地和货物转运点，故名"贵州山"。由此出发的道路，史称"白温古道"，在东胜场南面 5 里处岚垭田分支进入白沙十一都南部辖区。之所以取此道，是毗罗以南，崇山峻岭阻隔，无道路可通。至于史料载明的有关里程，清代的 1 里，约等于今天的 0.8 里，那时白沙南部辖区的最远点距离当时的江津县城 300 里，折合成今天的 240 里，吻合今日之四屏镇距离江津城区的里程。

康熙三十三年（1694）十二都的行政建置格局，是为了适应"湖广填四川"的需要。"湖广填四川"给人口数量与构成带来变化，从大的背景看，到清嘉庆二十五年（1820），重庆府人口增加到 230 余万，成为全川人口最稠密的地区，重庆城区人数超过成都城区人数。巴蜀人口发生这样巨大的分布变化，四川人口稠密县份由成都城周边向重庆城周边转移。江津作为巴蜀人口大县，就是这个时期人口数量猛增的结果。

据 1996 年版《江津县志·人口志》记载，经明末清初战乱和瘟疫，津地成为虎狼之穴，几无人烟。康熙六年（1667），江津县仅有 114 户、1032 人，其中男 551 人、女 481 人。康熙二十九年（1690），清政府以四川民少而荒地多，凡流寓垦荒居住者，准将地亩给为永业，即"插占为业"。有湖北、江西、福建、广东等地移民迁江津，外逃邑民亦陆续返回。康熙三十年（1691），版籍户 1248 户、9986 人，其中男 5582 人、女 4404 人。乾隆三十一年（1766），共 9833 户、39271 人，其中男 20535 人、女 18736 人。光绪元年（1875）共 68411 户、281847 人，其中男 153385 人、女 128462 人。宣统三年（1911），江津县人口达 810684 人。另据 1996 年版《白沙镇志·人口篇》记载显示，宣统三年（1911），白沙镇辖属毗罗场、永兴场、几子场、三口场等地区，共有人口 62397 人。

近现代的白沙镇

清咸丰年间至清末，江津县历经多次建置调整，就白沙镇而言，其辖区呈不断减少的趋势。1912 年中华民国建立，设重庆镇抚府，后改为川东观察使，再改川东观察使为川东道，江津在其中。在这建置频繁变动的时期，白沙镇域南部一片划归十二都，白沙镇从北宋中叶建置以来与贵州接壤的地理形势自此不复存在。

1913 年，江津县 15 个镇乡区划定型，镇乡公所称团务办事处，白沙为建置镇。江津城区为城厢镇，团务办事处为中正团。以下一都一德镇，团务办事处设龙门滩。二都二守镇，团务办事处设双龙场。三都三才镇，团务办事处设杜市场；三都地域分出三才乡，办事处设贾嗣场。四都四序镇，团务办事处设金紫场。五都五福镇，团务办事处设朱沱场。六都六合镇，团务办事处设仁沱场。七都七星镇，团务办事处设石门场。八都八政乡，团务办事处设李市场。九都九如镇，团务办事处设油溪场。十都十全镇，团务办事处设稿子场。十一都白沙镇，团务办事处设白沙场。十二都分设三乡：嘉乐乡团务办事处设三合场，嘉升乡团务办事处设柏林场，嘉平乡团务办事处设龙门漳（今李市镇龙吟）。

1913 年江津县行政建置镇乡在命名上采取新命名，但白沙镇沿用旧名。此次建置镇乡命名，未采取驻地传统命名，镇名灌注中国传统文化是最大特色。拈出九如镇和十全镇，来印证此次行政建置命名的文化含量。

九都九如镇，治所油溪场，属思善里。九如镇辖地包括今日之油溪、金刚、山王店、吴滩、长冲、现龙一带，为津邑繁庶之区。相传唐刺史赵延之曾游此地，故名游溪。清代因油坊多，改名油溪场。北宋时期与白沙同期建镇，《元丰九域志》载之为石羊镇。"九

135

如"，语出《诗经》。九如：如山、如阜、如陵、如岗、如川之方至，如月之恒、如日之升，如松柏之荫、如南山之寿，本为赞颂君子之语，多用于祝寿之辞。后作为瓷器纹饰，流行于清代。在瓷盘上绘佛手、桃、石榴，喻多福、多寿、多子，绘九个如意指代"九如"，合称"三多九如"。

十都十全镇，治所稿子场（今石蟆镇稿子社区），属思善里。十全镇辖地，多为白沙镇析出，包括稿子、塘河、羊石、石蟆、河口一带，共有十保。为津邑半硗半沃之区。稿子场原名大坝场，相传坝上曾出秀才，能诗文书画，求稿者众多，遂称稿子坝。辛亥革命烈士卞小吾即出生于此。卞小吾祖父卞世绳是清道光皇帝的启蒙老师，诰封奉政朝议大夫、文林郎。"十全"本谓治病十治十愈。《周礼·天官·医师》："岁终，则稽其医事，以制其食，十全为上，十失一次之。"乾隆皇帝自我总结一生有"十全武功"，在 80 寿辰时自诩为十全老人。以"十全"谓之稿子场，除了辖地十保之外，也确有十全十美之意。

石羊镇是与白沙同期建镇的古镇，因历史中断而重新命名为九如镇，虽属旧瓶装新酒，但文化含量却也不菲，其他建制镇乡命名也亦如此。唯独保留白沙镇旧名，是因为从历史深处一路走来的白沙镇名气太大，早已经凝固成为一种文化标志，重新命名显然适得其反。1913 年江津县行政区划建置调整，单从镇的命名来看，为了灌注其文化含量，是颇费了一番脑筋的。一味往文化上靠，其实违背了行政区划建置命名所依据的地理传统文化，所以上述除白沙镇外，其余的命名一律没有传承下来。沿用了旧名的白沙镇，给历史和当下的，是一种哲思般的提醒。

"川东第一大区"和"重庆第一人口大镇"

1915 年，改镇为区，区下辖场。1931 年，改区辖场制为区辖镇乡制。1935 年，四川省实行行政督察专员制度，省划分为 18 个行政督察区。江津县属四川省第三行政督察区，推行保甲制，设 5 个区 17 个镇乡。三区区署驻白沙，辖八政乡、十全镇、白沙镇、驴溪实验乡。这是现代白沙的乡村改革实验时期。1937 年，江津县 5 区 17 镇乡划为 76 个联保，三区辖白沙、几子、稿子、二溪、羊石、大桥、罗坝、永兴、三口、塘河、石蟆、李市、慈云，计 13 联保。

抗战爆发后，重庆被定为中国"陪都"，为稳定大后方秩序，重庆周边县份行政管理更加趋于严密。江津县于 1942 年建置为 5 个督导区和 2 个行政区，乡镇为 68 个。督导区是县政府派出机构，行政区是四级行政机构。白沙行政区的设置，是为了适应抗战迁建疏散的需要，众多院校、文化机构迁建安置于白沙，需要行政保障。1942 年白沙行政区辖白沙镇、几子、塘河、李市、大桥、三口、石蟆、罗坝、二溪、永兴、稿子、羊石、慈云，计 1 镇 12 乡。地域广大，人口众多，号称"川东第一大区"。这个称呼，有着津沙文化区核心区域的广泛影响。当时从重庆发往白沙的邮件，收件地址只写"白沙"就可寄达。国外寄来白沙的邮件，只写"中国白沙"，就可迢遥而达。

在中国现代文化演进的历程中，有一群堪称星座泰斗的人物与白沙结下不解之缘。战争与学者，共同造就了"川东第一大区"白沙的辉煌，而地域广大的行政建置，是物力的保障。鸿儒大师，莘莘学子，下里巴人，朝夕相共。田畴沃野的挥汗躬耕，青灯素纸的呕心沥血，在白沙有机地统一起来，让人凝想什么叫万众一心的中华民族。翻开这一页历史，是需要勇气的，这正是白沙悄然隐在历史深处的原因。有一位文化老人这样深情地回忆这段岁月："正是民国这批中华民族的脊梁以炎黄子孙的孝道，民族的责任感与道义，

137

用自己的专业开掘与发现，去昭示中华民族五千年的辉煌历程以及她的不可亵渎、不可征服的决心和勇气。漫漫长夜，孤单人影，寝食草草，路途艰危，如果没有对祖国的拳拳之心，对民族文化海一样深的眷恋之情，是不可能产生这钢铁意志般的研究行为的。"或者说，是非常的历史造成的偶然和必然。在战争风云漫卷之际，中国许多文化科学的基座于此夯定和夯实，许多报国的书生在此找到了时代的舞台。那东去的长江，是当时沟通白沙与外界的唯一孔道，那简陋的木质船只，缆绳一抖，牵动的是中国文化生命线。

1949年10月1日，中华人民共和国成立。同年12月15日，江津县人民政府成立。全县建置为10个区，以数字序号命名，五区区公所驻地白沙，辖地白沙镇、三口乡、永兴乡、几子乡、塘河乡。1950年9月，从五区划出永兴、几子、三口、塘河4乡，成立十三区，区公所驻地永兴场。

1951年4月，川东区璧山行政专员公署更名为川东区人民行政公署江津区专员公署。4月1日，江津县人民政府从城守镇迁往白沙镇，白沙成为县城。4月30日，江津区专员公署迁来江津城守镇。由于专区治所迁来，江津与白沙两座城市格局形成。9月，一区更名为城关区，五区更名为白沙区。白沙区辖白沙镇和高屋乡，新增设黑石乡，行政格局一镇二乡。1956年1月，江津县政府驻地自白沙迁回城关镇，白沙结束5年县城历史。

1956年2月，撤并部分区乡，以适应农业互助合作发展需要，各区改以区公所驻地命名，白沙镇单列不再辖乡。江津县"两镇十五区"行政区划格局定型并持续较长时间，两镇指城关镇和白沙镇，这是江津两座城市格局在行政建置上的延续。1992年江津撤县建市，随之进行四次大的行政建置调整。2006年江津改市设区，行政建置再做调整。

公元2007年，新千年的白沙镇定型。其辖地由原来的高屋乡、几子乡、三口乡、河口乡、高占乡、滩盘镇、鹅公镇和白沙镇5乡3镇合并而成。辖区面积238平方公里，人口14万人，其中主城区5万人，为重庆市第一人口大镇。

从北宋一路走来的白沙镇，见证了一部复杂的行政建置史，每一个历史时期在文化上表现出非常明显的趋同性与独特性，成为地域文化历史发展进程中重要的导向标，穿透着历史的天空。

白沙农耕文明探析

第十章

考古发现串联起来的远古线索

　　白沙是巴蜀分野，地域文化主流认同巴文化。白沙农耕文明源头，是巴人、蜀人和僰人农耕交互影响的结果。先来探析巴文化在白沙地域农耕文明里的影响。

　　古代巴国以山地为主，夔门隔东，巴山阻北，西虽近蜀，但贫富迥异，少有往来。骁勇的巴人以渔猎农耕为主，农耕以山地刨食，挣扎于基本的生存状态。巴族沿长江西进，考古发掘可资证明。

　　1980年11月，重庆市博物馆文物普查组在白沙长江下游150里处发现王爷庙新石器遗址。该遗址地处长江与綦江交汇处的三角形台地上，大约南北长200米，东西宽150米。遗址地高出一般枯水位50米左右。面积约3000平方米。遗址地层堆积共分5个层位，第4层、5层为新石器时代文化层。

　　当时在靠近长江的台地进行了局部试掘，采集和出土石器144件。陶器方面，采集和出土均是碎片，共计200余片。石器是原始社会最主要的生产工具。石器的制造，乃是当时人们社会生产活动中非常重要的一项内容。石器中亚腰形石耜等，不但与黄河流域和长江流域中下游晚期原始文化有共同之处，而且以耜农业为主，其种植物，可能与长江中下游一样，是以水稻为主要作物。从石网坠、石镞的出现来看，渔猎经济仍占一定的地位。陶纺轮的存在，说明当时已掌握用纤维捻线的技术，已经有了原始的纺织手工业。陶器的发明，是新石器时代到来的标志之一，陶器作为一种日常生活用具，在相当程度上能够反映当时人们的生活水平。根据出土陶器的质量，火候较低和器形中的大件圜底釜、强纹罐、灰陶杯贺钮器盖，纹饰中的篮纹、锯齿纹、水波纹、谷穗纹推断，这些实物代表的历史时间，距今四五千年左右。

　　从文化层的叠压关系上看，这些遗物多出自战国时期巴族文化层下的文化层，其器形又与巴族文化遗存显著相似，例如石矛很像巴式柳叶短剑，钺形石斧与巴式铜钺极相似，圜底陶釜、陶罐相似。从以上方面，可以推想，这些遗物可能是巴族未迁入川东以前的土著居民留下来的，巴族移民以后，继承并开展了当地的土著文化，从新石器时代进入了青铜器时代，形成了独具特色的巴族文化。

　　王爷庙遗址是重庆地区考古发掘的一处文化内涵最丰富、特征最鲜明、最有代表性的遗址。从对王爷庙遗址发掘出土的各类遗物的特征来看，无论是从器物的形状，还是陶质陶色，以及陶器的纹饰乃至陶器的制作方法等，皆与巫山"魏家梁子遗址"文化面貌基本一致。这些发现，证明了这个时期，江津大地上就有先民生息。

　　继王爷庙遗址之外，从顺江口到白沙镇的沿江地带，还有两处同一时期的新石器遗址。一处在今龙华镇燕坝村，为旧时白沙镇域，被命名为燕坝新石器遗址。另一处在白沙镇街西边驴溪半岛，1933年修建江津县简易乡村师范学校时，施工挖掘时发现少量石器和陶器残片，由于不成规模，未予以遗址命名。江津籍学者王利器、邓少琴曾经对驴溪半岛的出土文物进行研究，得出为新石器遗迹的一致结论。这三处发现，证明了巴人的西进沿江路线。最西一处位于白沙核心区域，或许可以证明巴人西进的终点区域就在白沙上川江腹心区域。历史事实也是如此，此时土著的僰人也无路可退了，同时巴人受到蜀人制衡，溯川江西进的脚步就只好停息了。

巴人畲田种作的形式与流传

巴人的畲田生产方式，随着这种西进，带进了古代白沙地域。巴人的畲田种作，就是用火耕种田地，此法与巴人生活环境密切相关。巴蜀书社 2001 年 8 月版《邓少琴西南民族史地论集》（上）之《巴史新探》对巴人畲田有一段论述。夔州、通州（今达县）一带，乃古代巴族重要聚居地区。公元前 611 年，秦人巴人从师灭庸，巴人实分有庸国鱼邑之地，改名鱼复，其地即今奉节。唐大历中杜甫曾居夔州，《遣闷》诗有云："瓦卜传神话，畲田费火耕。"王洙注云："巫俗击瓦，观其文理分析，定吉凶，谓之瓦卜。"这与荆襄民俗是大致相同的。畲田的情况，宋范成大《畲耕诗·序》云："畲田，峡中刀耕火种之地也。春初斫山，众木尽蹶，至当耕时，伺有雨候，则前一夕之火，借其灰以粪。明日雨作，乘热土以下种，则苗盛倍收。"杜诗亦有"斫畲应费日""烧畲度地偏"，与元稹写通州的诗句"田畴付火罢耘锄""田仰畲刀少用牛"所表现的情况是一致的。又《寰宇记》卷一三七记道州风俗："巴之风俗，皆重田神，春则刻木祈祷，冬即用牲解赛，邪巫击鼓以为淫祀，男女皆唱竹枝歌。"合上两者来看，情况相当具体，即一般高坡山地，都从事刀耕火种，重视春祈秋报，脱离不了神权迷信，盖与当时所处环境，是相适应的。

畲田之法，就是刀耕火种，这是巴人对种植业的一大贡献。从上一段里可知，这种方法在唐宋时期还盛行于巴国故地，很让外来的文化人吃惊。从他们的诗文里，见出此法的两大科学原理：一是通过燃烧草木作灰以增加土地肥效，二是雨后趁土地微热下种，可谓是温室育秧之滥觞，其流变是今日农民在稻田里撒播稻种之前，需用温水浸种。至于春祈秋报的民俗，一直活在白沙原野里，只是

第十章　白沙农耕文明探析

随着历史的演进，表现形式有所改变而已。

刀耕火种不能简单地与蒙昧落后画上等号。白沙镇在建置以来的漫长时间里，其南部地域与贵州黔北高原接壤，在广大山区里，就是固守着古老的畬田方式而满足于自给自足。这种以火种地的方法，直到 20 世纪 90 年代还有可见，随着森林防火的需要，才退出农耕历史。1982 年，笔者在南部山区目睹过山民烧荒种玉米。一望无际的草坡，四面八方一齐点火，往中间燃烧，有野鸡在扑棱，有山羊在飞蹿。烧荒的几个山民，若无其事地在大火烧不到的一块大石头上悠闲地打着残破不堪的川牌。我请问他们：什么时候来种？什么时候来收？其中一个老者，漫不经心地告诉我：春雨下来了，等地半冷了，就背着玉米种子满坡撒下来，天一半，地一半，野猪吃的不上算，秋天收成绝对好。这样的场面与叙述，让人联想到巴人发明的畬田种植。山民们与大山默默相守，沧桑续接着沧桑，呵护传承的是大山厚重的基因。就是这种基因，让他们在艰难的环境里，很自然很和谐地生存下来。

其实以火种田地，并非山区独有，而今白沙镇的平畴地区，亦每每可见此法。节令是早春，溪河的滩涂上，几头牛点缀在那里，有心无心地啃着浅绿的草。农人在慢条斯理清理着上年残留在田地里的禾秆，那在冬季里脱水干透的一族，此时经过春雨湿润，收集拢来，在田土中央引火点燃，叫"窝火土灰"。点火燃烧有个尺度，即被火引着的禾秆，上面要压上一层薄土，或者压上新鲜的草皮，使之不会窜出火苗旺旺燃烧，只袅着青烟，农人称为"闷烧"。这样的闷烧，夜以继日，缓慢地把泥土焙干，泥土俨然也变成了灰，农人称"火土灰"，是上佳的肥料。不管种植什么，掺上一把火土灰，地里就会疯长出好庄稼。火土灰当然还要均匀地撒在干田里，作为肥力雄厚的底肥，再蓄水耕作。施过火土灰的田块，蓄水半田深，保证肥水不外流，翻耕后暖暖的春阳晒过十天半月，就可以把平插秧了。以火种田的传承，其精华是大地的一种意境，在这种意境里，传达的是一种恬淡，一种安然，一种缓慢的蓄劲，一种苏醒的渐变。古老而清新的白沙原野，用这种方式生产出来的大米，以环保富硒被人追捧。自然化育生民，这是田野给予人类的一种福祉。饮水思源，就有理由欣赏先人们的刀耕火种了，它作为一种古老的耕作方式，早已浸入了大地的肌理。

巴人的畲田种作之法，本是粗放的原始农耕方式，在传承演进中成为一种精耕细作的生产方式。而当时蜀人对白沙地域农耕的影响，可谓更是多维的。

蜀人种植业通过白沙沿江东传

《华阳国志·蜀志》载蜀地物产风俗云："泉源深盛，为四渎之首，缎拗为九江。其宝则有璧玉、金、银、珠、碧、铜、铁、铅、锡、赭、垩、锦、绣、罽、氂、犀、象、毡、氈，丹黄、空青、桑、漆、麻、纻之饶，滇、獠、賨、僰僮仆六百之富。其卦值坤，故多班采文章；其辰值未，故尚滋味；德在少昊，故好辛香；星应舆鬼，故君子精敏，小人鬼黠；与秦同分，故多悍勇。在《诗》，文王之化，被乎江汉之域；秦豳同咏，故有夏声也。其山林泽渔，园圃瓜果，四节代熟，靡不有焉。"又云："后有王曰杜宇，教民务农，一号杜主。时朱提有梁氏女利游江源，宇悦之，纳以为妃。移治郫邑，或治瞿上。七国称王，杜宇称帝，号曰望帝，更名蒲卑。自以功德高诸王，乃以褒斜为前门，熊耳、灵关为后户，玉垒、峨眉为城郭，江、潜、绵、洛为池泽，以汶山为畜牧，南中为园苑。会有水灾，其相开明决玉垒山以除水害。帝遂委以政事，法尧、舜禅授之义，遂禅位于开明，帝升西山隐焉。时适二月，子鹃鸟鸣，故蜀人悲子鹃鸟鸣也。巴亦化其教而力农务，迄今巴、蜀民农时先祀杜主君。"

这是说明蜀地的农业，是在杜宇时得到更大发展。杜宇是位好君王，特别重视农业，蜀人生活有了保障，于是在特产上下功夫。巴人在当时已经接受蜀人的先进经验，加以推广。白沙地域处于巴蜀分野，在巴蜀农耕交流中，扮演了很好的角色。兹举生姜种植由蜀地经白沙传播巴地来说明。

蜀地蜀人"其辰值未，故尚滋味；德在少昊，故好辛香"。魏明伦先生据此，在川剧《夕照祁山》里为临终的诸葛亮写下了这样的唱段："川酒醇，川椒烈，川肴美，川味绝。"具有辛香滋味的特产，是蜀人精心栽培的成果，生姜、海椒、花椒堪谓三大代表。就以生姜为例，先秦时代蜀地的生姜，有阳朴姜的美名传播甚广。《吕氏春秋·本味篇》："和调之美者，阳朴之姜，招摇之桂，越骆之菌。"高诱注："阳朴，地名，在蜀郡。招摇，山名，在桂阳。菌，竹笋也。"姜以地名见称，可见是蜀地特产。汉朝时期，阳朴姜被视为调味珍品。汉赋《七依》："洞庭之鲋，灌水之鳐，滋以阳朴之姜，蕨以寿木之华。"《后汉书·左慈传》载，左慈以术弄来松江鲈鱼献给曹操，曹操叹息没有蜀中生姜以调味，左慈又以术致蜀中生姜。以上种种记载，可以证明姜作为调味品，从先秦以来一直受到推崇。

蜀地阳朴姜，产地土壤疏松，白沙地域多疏松肥沃冲积地，兼之接壤蜀地，有江水沟通之便利，遂为巴地率先自蜀地引种阳朴姜的地区。西汉时期，蜀郡生姜全国闻名，毗邻白沙地域的犍为郡乃生姜重要产区，生姜运往中原北国。这是白沙为跳板，巴郡引种生姜的重要时期，渐渐造成了巴蜀生姜都享有盛名的局面，以致司马迁《史记·货值列传》出现这样的记载："巴蜀亦沃野，地饶卮姜。"

司马迁之前的史籍，从没有把蜀地与巴地放在物产富饶的同一个平面上，蜀地巴地当然有差异，正因为先秦的著述开了"扬蜀抑巴"之先河，"天府之国"的富庶，就一直由蜀地来诠释。因为生姜的种植，中国正史首次把蜀地与巴地放在富庶平等地位里。关注这个细节的人实在太少了。蜀地阳朴姜传到巴地，这是古代白沙地域农耕的重要贡献。姜为辛辣之物，巴蜀俗语云：姜辣口，蒜辣心，海椒辣齐耳朵根。姜在嘴巴里辣一辣，辣的程度尚不剧烈。白沙土话以辣立意，吃一点小亏，犹如不经意间咬了一口姜，于是就说："我吃了阳姜！"别以为这是土得掉渣的方言土语，阳姜就是阳朴姜的简称，先秦典籍里就出现了。

司马迁《史记·货值列传》里的卮姜，司马相如《上林赋》称之为茈姜，司马彪注释两者为同一物品，即紫色之姜，是以其在嫩芽时期而名。白沙方言包容古今，嫩姜紫姜通称。这也是有所本源的文化现象。

古代的蜀地，姜要外运，注重的是老姜和黄姜的收获。巴地引进，如果追风蜀地，那不算什么。道家《援神契》云："姜，御湿之菜也。"巴地多潮湿，姜有散寒作用，食之者多。于是在引种时注重深耕细种，下种前平实疏松土地，打成深入土中二三尺之圆窝，种下姜种后施肥培土，在土中发育为颀长而肥硕的嫩芽，吃之爽脆，无筋可口。此种栽培法产出的姜，名叫窝姜，以别于蜀中原产地的阳朴姜。巴地窝姜使用量大，少量外销，且囿于难以运输，巴蜀之外视为姜之上上品，《后汉书·左慈传》载左慈以术所致之姜，就是巴地出产的嫩姜。

白沙地域为跳板引进的姜种植，转型为嫩姜生产，由于地理条件的限制在巴地并没有广泛推广。黄姜、老姜易于推广，巴地产区较多。直到清末民国时期，重庆地区生姜种植，荣昌、大足以粗放型的老姜、黄姜种植为主。嫩姜出产依然以江津县为多，江津沿江广亵区域都有种植。巴县从江津引进，在毗邻北碚嘉陵江滨兴隆场一带集中种植，以产紫牙嫩姜著称。光绪末《江津乡土志》载物产，"蔬菜类"条云："姜能通神明，去秽恶，为调和美味必不可少之物。腌食最宜用酱加香料制造，名酱姜。或用盐水泡，及香醪浸，或入糖制作皆可。"

僰人对白沙农耕文明的深远影响

（一）白沙地域受僰人农耕影响的三个背景问题

第一，史家公认僰人是一个勤劳尚武的民族。从西周到明朝万历元年（约前 1046—1573）长达 2500 余年的时间里，他们生存、繁衍在祖国西南这片神奇古老的土地上。他们曾参加过周武王伐纣的牧野之战，建立了战功，被封为"僰侯"，在今天宜宾一带建立了"僰侯国"。僰人为了生存和发展，为了争取民族自由平等，曾付出过艰辛和流血牺牲。仅明朝开国二百年间，朱明王朝就对他们发动了十二次征剿。在前十一次血雨腥风的征剿中，僰人英勇善战，虽然付出了惨重的代价，却击败了朱明王朝十次征剿。直到万历年间，僰人突然消失。他们没有留下只言片语，只有在坚硬的岩壁上留下的几百具悬棺、遗物、生产生活方式和原始艺术的壁画，给世人留下追溯线索，也给后人留下千古之谜。

第二，僰人的农耕文化是原始的。僰人为"火耕流种"，从事农耕，栽荔枝、种蒴豆（似桑葚植物），故在僰道境内，盛产荔枝和蒴豆。《太平寰宇记》卷 79《郡国志》记："西夷有荔枝园。僰在夷中最贤者，古所谓僰僮之富。多以荔枝为业，园植万株，树收一百五十斛。"可见种植业具有一定基础。

第三，僰人母亲河僰溪在白沙下游 150 里。嘉庆九年《江津县志》，在"众水"条目下，这样记述："南江河，僰溪綦河入江处。"因此有僰溪口之说，即今綦江河入长江之江口的水域。僰溪是进入贵州的水道咽喉要隘，既精舟楫，又精农耕的僰人据为进退之要地。在僰人消长历史中，这是历史名河。僰溪口是多民族出入的平台，僰人而外，还有賨人，賨读若从。僰人助过周武王伐纣，賨人特种

149

部队助过刘邦一统天下。賨字从贝，源于汉高祖刘邦减免賨人的赋税仅为常人的三分之一，中国财税史上因此有賨税。僰溪、僰人是刺痛历史的文化符号，成为解不开的谜题。清乾隆年间江津名士周伩祚是本土第一个解题之人。周伩祚博学工诗古文词，著作敏捷，有倚马称，书法尤精妙，士人赞之，有"胸藏二酉，笔妙五花"之句。周伩祚《僰溪》诗云："涓涓澎湃辟源长，百折滩回下夜郎。黔播峰莲攒万笏，岷峨波会敌三湘。石城古国传巴子，賨语徵歌谱汉皇。曲似武夷双桨去，村村烟火望苍茫。"乾隆年间江津县令曾受一作有《僰溪辨》，全文如下：

津邑号僰溪，实非僰人也。非僰人而有僰溪之号，何也？县属綦河为僰溪入江处，谓之僰溪口。南齐永明五年，江州县治移于此，因号僰溪。其后移治马鬃镇，仍其号而不改耳。津邑古巴国，秦汉改国为郡治，江州县又改江阳，旋分置江津，非僰地也。

僰之名何妨乎王制？大乐正率学士以告于王，不变王亲，视学不变，屏之远方，东方曰寄，西方曰棘。郑康成谓"棘"当作"僰"。韦昭云：僰属犍为。汉武帝使唐蒙喻夜郎侯约，置吏以为犍为郡，治鳖。夜郎以西，南诏以东，皆僰人所居。

綦河发源于夜郎，是以有僰溪之号也。水之通僰者曰僰溪，路之通僰者曰僰道，一也，皆据其所从入之地而言也。僰道者，今之宜宾县也。唐蒙发巴蜀卒，治道开南夷，通夜郎，取道戎州入南广。僰道令治道不成，蒙斩之，复亲治而后成，卒通南夷。余前莅珙邑，古南广地也。犍为初治鳖，后徙治南广，复徙治武阳。犍为郡属多僰地，而巴郡蜀郡咸无有焉。何以知之？史迁《西南夷传》谓，巴蜀民或窃出取邛马僰僮以致殷富。曰窃出者，明僰在巴蜀之外也。《华阳国志》从帝孙保子帝攻青衣，雄张獠僰。又曰蜀有滇獠，实僰僮仆之富。攻之者，未隶蜀也。曰蜀有则在犍为置郡之后矣。

僰之西南曰爨，南诏地也。杨慎诗曰：玉斧无端兮爨僰要。皆汉武所开之南夷，而僰之名见于王制，则僰又在诸夷之前。且大学之士屏之于此，虽曰不变，然在学九年，其渐染教化，不为不深矣，然究不得与巴蜀齿何者？巴蜀先王封国，巴尤属周之宗姬，而僰则放流罪人之地也。余虑世人不察，以津号僰溪指为僰地，故详考而辨之。

　　这位江津古代贤县令，出于正统观念，力辨江津地域并非僰人者流生息过的"蛮荒之地"。他开篇说："津邑号僰溪，实非僰人也。非僰人而有僰溪之号，何也？县属綦河为僰溪入江处，谓之僰溪口。"上来就否定江津先民并非僰人，理由是僰溪流布江津大地而已。其实先就否定了僰人曾经生息繁衍于江津故地的事实，只得从僰溪源头做文章，僰溪从僰地流到江津，所以这开篇的否定就很牵强。他接着就僰人来历进行辨别："僰之名何妨乎王制？大乐正率学士以告于王，不变王亲，视学不变，屏之远方，东方曰寄，西方曰棘。郑康成谓'棘'当作'僰'。韦昭云：僰属犍为。汉武帝使唐蒙喻夜郎侯约，置吏以为犍为郡，治鳖。夜郎以西，南诏以东，皆僰人所居。"从西汉犍为郡设置开始追踪僰人历史，指出"僰"源于"棘"，都有所本，但忽略了僰人在犍为郡设置之前的漫长历史，这就明显不足。《僰溪辨》在以下的辨别中，更忽略了僰人被正统王朝挤压迁徙的历史，只揭出僰人屈居僰道深山老林，也即"夜郎以西，南诏以东，皆僰人所居"的僰人后期局面。曾公立论，旨在坐实江津是文明开化之区，并非僰地，先民并非僰人，但明显割裂了历史。

　　我们认同这样的观点：江津、白沙地域的先民中，曾经有过僰人的身影。在巴人沿江西进中，僰人生存的地域被迫缩小了，僰人农耕种植对江津地域的影响，起着持久的作用。白沙作为江津西部面向僰人、蜀人的跳板地区，更容易受到僰人农耕种植的影响，然后再把这种影响传递给下游更广阔的巴地，这和蜀人的精耕细作特产作物经白沙传递下游的情形是一样的。下面从水稻种植和茶叶种植两个方面对白沙地域受僰人影响的农耕文明略做探析。

（二）白沙地域水稻种植凝聚而成的特殊地域文化

　　川江横过白沙地域，构成西南高东北低的地理大势，发源于山地丘陵的溪河向长江河谷攒射，形成紫色土地上纵横交织的水网。天造地设的稻粮产区，岁月率先迎接的是善种植业的僰人。僰人是世界上最先种植水稻的民族，选育出古老的水稻品种，并知道积累绿色有机肥料。这些，尘封在苍茫的原野里，成为无法丈量的长度

151

和无法度量的容积。

种植水稻需得灌溉，僰人发明了原始的水碓水碾。旧时白沙镇域有一条溪河，两岸多水碓水碾遗迹，故名碓溪。此溪河就是今日之塘河，流域内民风古朴，河边塘河古镇，为明清时代碓溪里治所。在杂交水稻未推广前，白沙地域有两种古老的水稻品种：一种叫麻谷，种植在水源较差的山坡田块里，植株不高，外形类似茅草，耐旱而生长期短，稻粒呈现褐色麻斑，故名麻谷。一种名叫浮稻，农民俗称"高脚杆谷子"，栽插于临溪河的田块里，溪河水涨满进水田，这种水稻一个劲往上长，避免被水淹没，似乎浮在水面一样，故名浮稻。这两种水稻，据说麻谷在当今云南、浮稻在东南亚还有种植。是否与僰人神秘迁徙相关，不得而知。

水稻种植一直是白沙地域的农耕支柱，沉淀其中的文化，总是有一种溯源似的提示和魅力。水稻的栽培与收割，其实是一部灵动的史诗。拈出其中的诗行，以供品评。

白沙农耕土话语系里，没有梯田与平田的说法。层层叠叠的梯田，农夫称呼为"一榜田"。挂起来的文告，叫榜，"一榜田"的俗称，取其田块渐次升高的特征，就像被挂在丘陵山坡一样，且常常以丘陵山坡的特型命名，如山坡顶上有一丛松林，这满坡梯田就统称松林榜；如山型酷似卧着的水牛，梯田一律名之卧牛榜。诸如此类，无不见出农耕文化的直观与朴素。平畴漠漠里的田，俗称"一湾田"，同样以平畴最显眼的地标命名，于是水井湾、李家湾之类的名称，在白沙乡野随处皆是。

土地是无字的厚重史册。江津水田以分布在长江冲积台地上的最为古老，其开垦历史直追先秦。这种古老水田的命名，有一个古老通用的词汇"丘"。这个"丘"字，可以视为水田的专用量词，先秦古文里写作"北"，指面积很大的田块。当"北"字消失后，由同音的"丘"字代替，"丘"字注入了"四方高中央下"的新意，这样很适合分布在丘陵河谷之间的稻田的意象。走过白沙原野，就会遭遇河坝丘、河口丘、河碥丘、四方丘，乃至大丘、二丘、三丘之类的大田。它们匍匐在平畴上，是一块块明镜，映照着农耕的过去与现实。

泥土沉积得异常坚硬的田块和水源稀少干涸板结的田块，俗称"骨头田"。对付骨头田，农夫就"打踩耙"挫其锐气。踩耙是农具里最具杀气的物件。用纹理细密的四块杂木做成，象征一年四季，踩耙骨架是长方形木框，宽2尺、长6尺，二六一十二，象征一年12个月。两块长的木方上，分别穿透钉入12枚方形锐头的铁质踩耙钉，24枚踩耙钉，象征一年24个节令。踩耙平放在骨头田里，踩耙钉深深扎入坚硬的"骨头"中，套上暴躁的大牯牛，人站上踩耙，侧身，一脚踏前拖泥（即钉有踩耙钉的前一块方木，后拖泥指后一块方木），一脚踩后拖泥，左手执耙搭钩，右手控牛鼻索，发出"嘘嗬嘘嗬"短促的口哨，牯牛驱驰起来，狂躁不已。打踩耙人时而挺身，时而下蹲，总是牢牢粘在踩耙上，俨然古代驾驭战车的将军，徐行疾驰，回身转车，行云流水。打踩耙是欣赏性很强的劳作，总有不少人围观，技术过硬的踩耙手即兴表演，或金鸡独立，或苏秦背剑，或白鹤亮翅，博得喝彩迭起。踩耙打过，骨头田稀松酥软了，才适宜栽插水稻。

　　农谚云"芒种忙忙栽，夏至谷怀胎"。无论何种水稻，一律要赶在芒种前栽插完毕。在白沙地域，栽插水稻俗称栽秧子，是从"开秧门"揭开序幕的。有经验的农夫，懂农业甲子，会看云识天气。"开秧门"的日子，风和日丽。当启明星还挂在东方的时候，扯秧子的人们带着晨露肃穆在秧田边。其中农事经验最丰富的老农，就是"开秧门"者，选择了面向东方的位置，蹲下身躯，半跪状，扯起了第一把秧苗。这是向后土感恩和祈祷水稻丰收的虔诚仪式。秧田里空出了一片地方，可以下去两只脚。为首老农下到秧田里，双手飞快动作，沿着田坎边缘把秧苗牵连不断扯起来，秧田中的空隙不断延伸，候立在田坎上的人次第下秧田，最后全都加入到扯秧子的行列。

　　五十个秧把团成"一饼"，两饼秧苗就成"一挑秧"，用芊担挑着，送到待栽插的田边。旧时白沙农耕民俗里，有"女不栽秧"的规矩，但可以围观。主持"开秧门"的老农，点燃了一挂"百子鞭"，哗哗啪啪中尽力抛向空际，同时亮开高腔："一把秧子献给天，二把秧苗献给地，三把秧苗献给人"，其音苍茫。拖长的尾音还在缭绕，三个秧把一齐抛了出去，献天的垂直而上，献地的斜抛而出，献人的平行飞出。众人高声喝彩。三个秧把呈不同状态飞行，最终全部落在水田里，主持人亮开了栽秧歌，因为有女流围观，内容不俚俗，豪迈昂扬成分为主流。比如：丝茅草儿尖对尖，今年洪水要朝天，洪水朝天我不怕，追着燕子飞上天。再如：山山顶上栽梧桐，梧桐长大挂灯笼，风吹灯笼团团转，火烧灯笼满天红。秧歌的衬词，由围观的女流来唱，其实是帮腔。原来女性可以围观"开秧门"，更能营造劳动的热闹氛围。

薅秧季节，桃李成熟，田野处处是清香的气息。薅秧的农夫双手反背在腰间，在稻田里排成一线，左右扭动着腰肢，带动左右脚搅动着田水，偶尔需要弓腰，扯起稗子或水草。栽秧歌此时嘹亮成为薅秧歌，盘歌对歌独歌，无所不备。唱者和者，节奏体现在身体的律动中，平时笨拙农夫，于是灵动起来，歌得水稻分蘖拔节，听得高粱弯腰叫好。

"开秧门"的歌谣和薅秧的和歌可谓是巴歌的遗响。巴歌合唱，最早见于《楚辞》记载："客有歌于郢中者，其始曰'下里巴人'，国中属而和者数千人；其为'阳春白雪'，国中属而和者不过数十人。"下里巴人形容巴歌鄙俚不文，这是正统积习的看法。正是因为巴歌俚俗，所以人人能唱。薅秧歌的合唱形式，一人带头，众人随声相应，可以高歌入云，声震山谷，声调非常雄壮。旧时川江走船的汉子，多数是半工半农，田野上劳动的和歌，带进船上，内容加以改动，川江号子就冲撞而出了。

白沙农人一律称呼稻子为谷子，收割水稻一律称呼为挞谷子。"秋前十天无谷挞，秋后十天满田黄。"晴朗朗的天，是开斗收割水稻的大好时机。斗是木制挞斗，棱台状，四角有坚硬的耳朵，握住耳朵，拉动挞斗在水田里行进。挞斗的配套工具有三：一是档席，粗大块竹编的，档席上有对开的大竹片，叫席夹子，是档席的筋骨，下端露出一截，用来夹住挞斗上部边缘，档席挞斗融为一体，围三缺一，缺口一面供人挞谷把子。二是斗架子，一圆木接榫着两块弯曲的木板，木板之间安上金黄的大斑竹，叫斗换子，一副斗架子安装十二根斗换子，象征一年十二个月。三是谷子撮箕，安放在斗架子下面。

挞谷讲究轻拿重挞，双手搂抱起谷把子，温柔得像怀抱婴儿，轻柔地送到档席围成的斗肚里；用巧力重重挞在斗架子上，唰地一阵谷子雨，稻穗上谷粒在第一挞中脱下大半。前三挞用力，叫敲，敲的时候谷把子撒开尽量让稻穗最大限度接触斗架子，叫开窍。后四挞用力减弱，叫搁，谷把子挞到斗架子之上，不急于离开，双手用力，沙沙抖动，把谷粒抖落斗中。挞谷七招，前三后四。老谚云：三敲四搁，挞不落的就是叶壳。叶壳就是秕谷。

挞下的稻谷摊在晒坝上，农夫用脚划出整齐的纹路，让太阳充分暴晒。晒稻子的时候，那种种珍惜的表现，几乎可以用吝啬来形容，跳到晒坝外面的黄谷，就算几粒，也要找出来，送回晒坝中去。如此行为有一个很有震慑力的理由，就是抛撒五谷，会遭雷劈。但有两个例外。麻雀飞到晒坝上吃谷子，不驱赶。民俗意蕴，无从知晓。老话的开解是：天一半，地一半，麻雀吃的不上算。原来在靠天靠地吃饭的意识里，有一种最质朴的感恩思想，认为麻雀也是天地的生灵，新谷丰登，有理由来分一点胜利果实。鸡坦然地在晒坝里吃食，也绝不会驱赶。老农认为，鸡不是啄食稻谷，是逡巡在晒坝里庄稼的医生。俗谚说：谷黄米熟鸡发疯，在谷子里找虫虫。没有对庄稼的挚爱，绝对不会去关注这样的细节和提炼出这样的说法来。

新谷在晒场上暴晒三两天，脚踢上去"沙沙"清响，像微风拂过竹林。这是谷子亮壳了。亮壳了的谷子，就堆在晒场的一角，堆成一大堆，让明丽的深秋显得气度恢弘。谷子堆堆在晒坝堆过三五天，这个过程叫焖。焖过的谷子，没有青头，白色也焖掉了，一律金黄。焖得熟透的干谷子，扬场后才能归仓。扬稻谷的把式，是最好的庄稼把式，手持长长的榆木扬瓢，闪亮登场。上扬一大片，下落一条线。好把式像绷足劲的弹簧，不知疲倦地运作着，扬瓢在胸前划过一道弧线，稻谷像瀑布一样飞出去，在温馨的南风吹拂下，稻叶、秕谷、黄谷自然分离，最饱满的谷粒落到最远处，弯弯地排出一条曲线。扬瓢一上一下撮起稻谷，左右舞动，只看见扬瓢影划过和稻谷分层飞落，人们在晒场周围屏息围观，整个晒场炫耀的是扬谷把式的非凡本领。一个大堆堆扬完，那弯弯的曲线，隆起成为金黄的稻子丘。颗粒归仓，深秋最为壮阔的农事，至此落下了大幕。

这里还得补充起源于水稻种植的一种游戏，旧时白沙田野，常有上演。游戏名曰"捉地麻雀"，与稻田里的秧鸡有关。

薅秧子时节，稻田里的秧鸡正在孵化后代。新生鸡雏全身是毛茸茸的油黑细毛，简直就是一个毛团。所以有一道谁都不能回答的难题：秧鸡儿有多少根毛？秧鸡的窝，安扎在稻田里。四窝水稻压下来，在接近水面数寸高的地方，团成一只邻水的平底巢穴，被压折的水稻植株依然生长，挺起来形成一道围栏，秧鸡就在围栏圈出的空间里起降。秧鸡在窝里生儿育女，粪便就补偿给被它压弯的水稻，于是这几窝水稻长得格外葱绿粗壮。不过秧鸡好心做了坏事，因为营养过剩，秧鸡安家的这几窝水稻比大田里的同类尽管高出一大截，却不能抽穗扬花，农夫称为"冬不老"。秧鸡专吃稻田害虫，叫声有时像鼓点轻敲，"咚——咚——"，有时像人发出闷声闷气的"懂"字音，因为后者，秧鸡俗称"懂鸡"。农夫懂得秧鸡的歌唱，是秧鸡的知音。秧鸡悠长啼鸣，表明是连续的响晴天气，稻田要注意保水。秧鸡短促啼叫，表明暴雨天气将至，稻田要开缺防洪。农耕文化里人与动物的呼应关系，其实就是中国传统的和合文化。薅秧子季节，稻田里劳作的农夫绝不会打扰秧鸡的清宁，远远看见有秧鸡窝标志的苗壮肥硕的水稻植株，就会互相提醒注意绕过秧鸡的家园。秧鸡也不飞不惊，兀自发出清唱，与农夫的秧歌应和着。这种和睦的田园景象，是任何文字和颜色都描摹不出的。亘古不变的稻德之心里，就注入了人与万物理解交融的神奇具象。

水稻进入收割季节，秧鸡就转移到旱地上生活，此时农夫将它们改名换姓为"地麻雀"。秧鸡在旱地上的活动失去了稻田里的机灵，尤其是续飞能力十分有限，两只翅膀拼命扑棱，低低飞过三五丈就坠落地面，一头扎进草丛里，尾巴露在外面一翘一翘的。这种顾头不顾尾的藏身法子，很悲壮，也很可怜，而且很容易受伤害。稻田义工秧鸡离开稻田后的遭遇，很让人同情，于是乡野流传"捉地麻雀"的游戏。游戏分为双方，一方是"人"，一方是"鸡"。"人"是个体，其余为"鸡"的群体。游戏从践踏"人"开始，"鸡"

们拉着手，连成一个圆圈，把被黑布蒙了眼睛的"人"圈定在圆心，圆圈快速转动，愈缩愈小，把"人"围困得团团转。"鸡"们朝"人"哈气，叫"吹风"；朝"人"喷唾液，叫"下雨"；往"人"的屁股踢去一脚，叫"打雷"。"人"终于被"鸡"们折磨得够呛了，于是"鸡"群的首领，用一种苍凉的声调，吟唱"地呀地麻雀，麻呀麻雀飞"，连续三遍，第三遍的"飞"音一断，"鸡"们立刻松手，四散后退开去，蹲在地上。"人"半蹲状，作青蛙跳，开始扑"鸡"，"鸡"蹲着巧妙躲闪。"人"朝左边一扑，"鸡"往右边一闪，"人"的一扑，往往成为哄笑中的"狗啃屎"。总有不幸的"鸡"被"人"扑住，于是就去当"人"。散漫冬闲，这种群体游戏总是在古老的乡野上演着，老中青幼共戏，驱走乡野的寂寥，换来郁闭中的生气。强势的"人"成为弱者"鸡"的奚落对象，游戏中以当"人"为运气不佳。这种游戏起源于何时？其意义的指向是人的忏悔，还是人对自然万物的感恩？诸如此类，难以解答。

（三）白沙地域的茶叶传奇与茶叶种植

在《"川东第一大镇"的形成与演变》一文里，我们已经探析过茶叶种植与营销在白沙社会史和经济史发展过程中所起的重要作用。在这节文字里，从大文化的角度和白沙农耕历史的地域角度，来探析茶叶种植所积淀的成果。

而今的白沙镇域，已经少见茶叶种植。历史上的白沙镇，却是茶叶重要产区，且演绎了奇特的茶叶生产现象和奇特的茶叶经济现象。茶树的起源至今已有 6000 万年至 7000 万年的漫长历史了，我国的西南地区，包括云南、贵州、四川是茶树原产地的中心。追踪白沙镇茶叶种植历史，就会发现白沙所在的江津区域，在上述茶树原产地中心的重要位置，而从宋代建置的白沙镇域，正处于江津区域的茶叶核心区域。由于古代白沙的地缘关系，可以这样认为，茶叶的种植是巴人与僰人交相影响作用的结果。僰人与巴人种植茶叶，是在同一时间。据《华阳国志·巴志》记载，周武王伐纣，参战的巴人战士"献茶"犒劳武王军队。《华阳国志》是信史，由此可认定古代白沙地域茶叶出现的时间距今已经 3000 年。

巴人茶叶种植对古代白沙地域的影响，无史料可稽。而僰人奇特的茶叶经营现象，却给历史的追踪提供了线索。从另外的视角切入，不是为了营造饶有兴味，从中析出的或许就是历史的本真。刘基《郁离子·卷七》有一则《僰人养猴》，全文如下：

僰人养猴，衣之衣而教之舞，规旋矩折，应律合节。巴童观而妒之，耻己之不如也，思所以败之，乃袖茅栗以往。筵张而猴出，众宾凝伫，左右皆蹈节。巴童佁然挥袖而出其茅栗，掷之地。猴褫衣而争之，翻壶而倒案。僰人呵之不能禁，大沮。郁离子曰："今之以不制之师战者，蠢然而螘集，见物则争趋之，其何异于猴哉？"

这是一则寓言。僰人善于调教猴子，给它们穿上衣服教猴子跳舞，圈儿旋转得很圆，转动很有角度，配合音律节拍也很默契。巴族一个大孩子看了很妒忌它们，为自己不如它们而羞耻，想着用什么方法破坏它们，就在袖子里放了茅栗子前往。当僰人耍猴开张，猴子们出来表演，众人都站起来专心观看，左右的猴子舞蹈跳得都很合节拍。巴族这个小子装着无意地挥袖，丢出茅栗在地上。猴子见了扯掉衣服上前争抢，酒壶也撞倒了，桌案也掀翻了。驯猴的僰人怎么呵斥也不能制止，显得非常沮丧。郁离子感叹说："当今没有纪律约束去打仗的军队，蠢笨得如同蚂蚁一样聚集在一起，看见东西就上前争抢，他们和猴子有什么区别吗？"

《僰人养猴》的故事让我们窥知了以下几个问题：先秦时期，僰人已经有了畜牧业，驯养猴子做表演就是证据；僰人驯猴表演，巴族的孩子可以随意围观，证明僰人与巴人是一种毗邻关系，这种关系缩小为地缘关系，巴国与僰人区域接壤部，就是古代的白沙镇域地区；从巴族孩子围观僰人驯猴表演的心理可知，僰人某些方面的技巧与技术，其实是优于巴人的，这是巴人向僰人学习的心理基础。就这则寓言故事的本身，不会向这种心理基础之上去做展开，转而描绘了巴人"拆台"的恶作剧，驯猴的僰人对此沮丧万分束手无策。这个活灵活现如在眼前的画面，也印证了古代史家的评价，即僰人仁厚，巴人狡黠。

狡黠的巴人，从僰人那里学会了驯猴技术，驯化的猴子用来采摘茶叶，于是古代白沙的猴茶就诞生了。有关猴茶的故事，中国唯雁荡山有文字记载。古代白沙镇南部深山的猴茶没有文字的片言只语，流传的是山人的口述，是大山的证词。抗日战争时期重庆作为陪都，津南比邻贵州高原的娄山余脉是拱卫陪都的重要屏障，在这道屏障出没的一种特殊商人，以黄金收购猴茶，运到重庆牟取厚利。国难当头时期，演绎出奇特的经济现象，猴茶因此有了最辉煌的一段记忆，百两黄金一两猴茶，好茶比金贵，是真实的黄粱好梦。

猴茶不是人工种植的茶树，是自然野生的珍稀，藏于人看不见的雾罩悬崖之间。一道危崖，或许就生长有那么一株两株，在与之对应的另一座山上，气势同样的一道危崖，或许也生长有那么一株两株。这就是猴茶生长的"雌雄说"，总是遥遥相对而生。要寻觅这样的环境，在众山如海峰峦如聚的所在，并非触目就得的易事。哪两座山是雌雄山，哪两座峰是雌雄峰，哪两道危崖是雌雄崖？藏在神秘的采茶人心底，藏成大山的秘经。

采茶人豢养有三五只猴子，平时好食好玩具供奉，也操练专业采茶的技能。这样的练习猴兵，在当今的马戏团杂剧团里还在延续着。养兵千日，用兵于清明前后寥寥短暂的几天日子。训练成熟的猴儿穿着红袄儿绿衫儿，在怂恿鼓动中悠然攀上了峭壁，黄猴、红袄、绿衫、白雾、青嶂、碧茶、蓝天，纯然着云峰峻岭诗意芬芳，一幅如梦如幻壮观奇美画卷。诗在蒸腾，画在摇曳，猴儿的袄儿衫儿的肚兜儿里，就从云之乡雾之海里捎带回来了三片五片满身绒嘟嘟的欲开未开的新叶，或呈乳黄色，或呈紫红色，纯净、圆润、肥嫩，如恋月的春花那样美丽迷人。这样的茶叶源自深山，山野却消受不起。置换了一段让山野惊喜的黄金梦之后，它就悄然走进了灯红酒绿的都市，随同它而去的是挥霍殆尽后历史附加的一段惆怅记忆。历史的活页一翻就过去了，而今江津南部深山，早已不属于白沙辖地，猕猴依然活跃，云海依然浩荡，峭壁依然苍翠，只是猴茶潜隐了，或许只有大山才能嗅出一缕余香，合着瑰丽的历史故事，沉淀为一种神秘文化，让人跋涉山道仰望蓝天白云时，滋生一种苦难意识。

古代的巴蜀，门一关就是家天下。物产富饶是一种优势，交通不便是一种劣势。因为劣势，茶业和饮茶习俗传到中原非常缓慢。

清代大学者顾炎武在《日知录》中说："自秦人取巴蜀以后，始有茗饮之事。"战争打破了巴蜀的封闭环境，巴蜀茶叶也在全国传播开来。北方人渴望得到巴蜀优质茶叶，即古语所谓"常仰真茶"，把好茶当成从身体到精神的一剂良药，不远千里万里求之。古代白沙茶叶从兴于唐朝的荔枝古道出川，一路走到明清。

人类的经济现象，总是与历史的大起大落相互呼应的。元末明初大战乱，茶叶古道废弛，江津茶叶生产中落。明末清初旷日持久的兵灾，因江津地处上川东下川东与渝黔接合部军事要地，战火尤烈，以致半个多世纪荒无人烟，茶叶生产绝迹。清康熙年间，江津经济才有复苏气象，茶叶生产从零开始。乾隆本《江津县志·赋役志·茶法》载："县西一百八十里许，羊景、洪洞、漩水三处，于康熙四十八九年间（1710、1711），居民以山菁界连仁怀、合江，地方产茶足资利用，相率栽植，地果相宜，年来渐盛。"

由此可见，江津茶叶复兴的历史，已有三个多世纪了。上述记载传达了江津深丘山区茶叶生产"地果相宜"的重要信息。考之今日地理，羊景在今中山镇西太和一带，洪洞在今四面山镇，漩水在今永兴镇滚子坪风景区。这三个地区在1913年之前，均属于白沙镇辖区，是江津茶业复兴的三大摇篮。《茶法》记载了三处的"开发商人"，羊景茶为杨载高，洪洞茶为周曰堂，漩水茶为马相远。《茶法》还记载，雍正初年，在蔡家场、鱼皮沱设置征收茶叶税的专门机构，专管仁怀、合江两县茶业外贸。鱼皮沱在今嘉平镇笋溪河边，其时以蔡家为龙头牵扯而出的清溪、月沱、黄泥、清平、常乐、中山、太和一带，成为江津茶叶核心产区，也是今日江津富硒茶核心产区。

而今的江津富硒茶叶声名鹊起，因为它是历史人文与特殊地理糅合的好味道。旅游访风景不会止于山水，山水尽处，还可以坐看云起。茶味过后，还有茶之韵。茶韵之外，还有人文，人文历史里，潜藏着白沙古镇的奉献，倘若细加探析，就精华尽露，芳醇毕现。

清代以来白沙农业文明的积淀

　　清代是中国最后一个封建王朝，它在立国之初，也推行轻徭薄赋的政策，人民负担较轻，经济发展较快，出现了封建社会最后一次经济繁荣，史称"康乾盛世"。这是一概而论。处于巴蜀的江津，有"湖广填四川"的历史，人口得到增长后，在"康雍复垦"和"乾嘉续垦"两个阶段的农耕开垦活动中，江津县内农业耕地面积得到了扩大，生产的地域与环境都发生了显著的变迁，外来移民将江南诸省区的耕作技术与作物种类荟萃于广袤乡野，终于缔造出江津作为四川农业经济大省的富庶县份，与内江、温江并称"三江"。本节文字就在此背景上，对白沙镇清代以来农业文明的积淀做一些探讨。近代以来，是白沙镇域逐渐缩小的历史时期，也是白沙镇经济社会的转型期，以大农村拉动大市镇的格局开始裂变，城市经济模式开始进入成熟期，但农业文明的影响的线索依然十分明显。

　　1996年版《江津县志·农业志》载："清乾隆三十三年（1768），广东省东安县进士曾受一调任江津知县。适遇江津连遭三年大旱，万民饥馑。曾引进薯种，并偕夫人教民栽种之法。县人建曾公祠祀之。"乾隆版《江津县志》有载："薯芋皮薄色紫，茎叶蔓延生，今川省多种之者，宜于沙地。先是闽人商于西洋来……其物易蕃而不费力，种之以佐五谷，是亦治生之一端也。"江津从广东引进红薯，经试种成功，富厚之区白沙为重点种植区域，再经白沙传播到上川江其他县份，继而在全川推广红薯种植。清光绪版《江津乡土志》记载："蕃薯除自食外，还向重庆、长寿、涪州等地输出，每岁约计千万斤。"这是红薯种植由江津向东输出的路线。1786年，清廷发现了四川红薯种植的效果极好，于是乾隆皇帝诏令天下，在全国推广红薯。乾隆皇帝下诏全国推广红薯之年，曾公早已病逝于广东故里。

江津百姓为纪念他，自发在县城大土街修建了清廉祠，也名曾公祠，岁时祭祀。史载曾公引进红苕种的时候，特意吩咐要从停泊在沿海的"蕃舶"上购买正宗种子。因为这个缘故，红苕在巴蜀，俗称蕃苕，也是对曾公的永恒纪念了。

江津红苕传到黔江，生民大受其益，黔江县令翁若梅撰《金薯传习录跋》云："夫天地多一物以养人，而人传一物以相养。当夫时和年丰，习焉弗觉，迨至于民不聊生之会，而偶为感触，始叹是物之利宏，而传是物者之功钜也。吾闽素称沃壤，稻粱菽粟而外，厥有番薯，余口角时啖而甘之，知其种出于吕宋，而未考入闽之始，孰为传之。厥后游燕齐间，往往于原隰遇焉，知其利来自吾省，而未考递传之始，孰为教之。且是物也，质仅同于瓜果，名未列于农经，意其产诸岛夷，传诸中国，如安石之榴，交趾之薏苡，足以佐日用之需已矣，讵有当于树艺之正业乎哉！"

红苕"不择地而生，不择时而长"，故能在我国得到大面积的种植，成为我国民众的主要粮食之一。白沙是红苕传播到蜀地的跳板性区域，这和古代蜀地农耕文明经由上川江腹心地域的白沙影响巴地农耕文明是一致的现象。而今的白沙大镇，依然是上川江红苕的集中产区，积累的种植红苕的经验，以农业文化的形式根植于后土之中。

清明前后，红苕出种。农夫不称出种，有文雅成分，不接地气。红苕出种叫并红苕，一种操作的实录，具有技术含量。苕种要优选，纺锤形的必须带尾巴，圆球形的通体没有凹凸追求其浑圆。没有变异的红苕不出这两种模样。共同的选择标准是，苕种中部要长有"肚脐眼"，浅浅的小窝，底色比红苕其他部分的肤色略为深一点嫩一些。老农说：没有肚脐眼的红苕种子，不能和土地交配，发不出芽芽，生不出崽崽。红苕种排在土窝里，是为"并红苕"。"并"不是"火并"。三个篱笆一道桩，三个苕种一个窝。三个红苕种头部微微靠拢，似乎挨着却未挨着，尾巴朝着三个方向，轻柔插入苕体的三分之二，三足鼎立的格局，在于合理分配土地里的养分，合理划分红苕芽出土后占有的生长空间。"并"的工序完成，是覆土，土要松软，覆要均匀，有苕蒂痕迹的种子部位朝上，要在覆土层中似露非露，这是开气窗。原来种子在泥土里，是要不停呼吸的。一夜春雨后，种子醒了，开始春情萌动。不到两个月，红苕芽已经变成了红苕藤，铺成了油油的绿毡。如果说大地有诗，是合着节令脚步的律诗，绝不是东一榔头西一棒子的口水诗。如果说大地有画，是工笔山水的中国画，绝不是东一块颜色焦浓西留一片空白的印象画。

　　红苕藤要移栽在红苕地里，其实是扦插。红苕地有讲究，沥水是保障，所以白沙农民提炼出一个口诀：平土种麦，斜土种苕。为增加沥水效果，红苕地要开挖成厢。开挖红苕厢，是农夫大手笔。使用的锄头，锄身宽长，锄口厚钝，锄把粗而长。开挖红苕厢的锄头，无疑就是农耕将军们的重武器。锄头家族的成员，休耕时享受最隆重的待遇，或靠或挂在堂屋正壁的墙上，与神圣的香合神龛并列在一起，可见锄头的神圣地位。开挖红苕厢是农田里最为舒展的劳动。姿势为骑马式，下肢蹲跨，把开挖出的苕厢骑在胯下，长长的锄把有手臂加长，可以延伸到一丈开外。开挖苕厢的口诀，大地的无字书：正中挖，两边提。这是农夫极有讲究的三板斧。上身前倾，手臂掌控的锄把尽量在空际挥出最大的弧线，锄头重重落挖入，用力撬翻泥土，这叫正中挖。之后上身挺直，双手松动让锄把滑回一截，锄头左出右伸，把左右松动的泥土往中间提，捣碎，筑成苕厢，这就是两边提。苕厢有两个标准：一是厢沟笔直，深浅随地块赋形，呈一头低的趋势以利排水；二是厢体高宽适中，规格是两尺开厢半尺高。打理好的红苕厢像蹲伏在大地上的青龙，红苕坐窝结果的底部厚重笃实，红苕藤舒蔓展叶的上部圆润光滑，农夫俗称泥鳅背，便于沥水。如果众农夫同在一块大土里开挖苕厢，那阵势犹如沙场秋点兵，动作协调一致，行云流水，粗犷而细腻。

　　芒种忙忙栽，夏至谷怀胎。在白沙温和的长江河谷农耕环境里，不论水稻还是红苕，都要抢在芒种来临前抢栽完成，这样才有收成。此时，桃红李白已经换装为一树青翠的幼果，早出江湖的蝉儿开始吟唱，布谷鸟的高腔专场进入尾声。老天连续挥下几场透雨，把开好的苕厢浇沃得酥透。这是栽插红苕藤的最佳节令。苕藤从种地里运到地头，以三四个节为一段，剪刀剪断后，井然有序地排在土边。清幽幽的一段斑竹，人一样长短，下端打穿一个小孔，插入一支筷

163

子或者其他坚硬的小棒，就是一副苕藤架。这是乡野最简易的农具，俨然一首清新的小诗。苕藤从苕藤架的上端穿下，压得紧匝匝密实实，提在手里，就提起了一大挂绿色的鞭炮，提着鞭炮走进苕厢的厢沟里，就炸响了一年一度属于红苕的季节。

旧时插红苕有一个开场仪式。谁说乡野没有自己的文化符号系统？这个开场仪式可供民俗学家做一篇长长的考据文章，可以直追《诗经》献给后土的颂词。开场仪式上，有一位白发苍苍儿孙满堂的耄耋太婆被推举到显要地位。年轻后生把第一挂红苕藤毕恭毕敬送到她身边，躬身请求她栽插。这是无言的后土需要的开工剪彩，由儿孙满堂的耄耋太婆来主持，栽插下的苕藤也会儿孙满堂。太婆并不会把那一大挂苕藤栽插完，她取下三段苕藤，抖索着在厢垄上栽插下一年一度土地上的第一个"丁"字窝，就垂照了示范。虔诚的仪式，并非蜻蜓点水，具有弱水三千只取一瓢饮的哲学况味。中国文化里的其他虔诚仪式，又何尝不是如此？只是乡野栽插红苕藤的仪式，没有凝固成文人学士们笔下的繁文缛节罢了。所以大地无言，大地真正的主人农夫也无言。其实在后土母性的暖光笼罩下，乡野自然有一种安乐祥和，不必矫情高调去策划红苕节之类的这节那节。

栽插苕藤的"丁"字窝模式，是厢垄栽红苕的老规格。提着压满苕藤的藤架，走进两道厢垄之间的垄沟，垄沟只能容下一只脚，所以进入红苕地时，两脚在一条线上，走着与模特走秀相似的步伐，只是走步时要重心下降，也就是弯腰曲背的姿势，因为苕垄走秀不是为了获得粉丝的追捧，无须挺胸翘臀，只需把苕藤安家在沃土的怀抱里。朴质的农夫在土地上一代接一代地走秀，唯有赢得大地无言的喝彩。农夫躬身在两厢之间，先平行插下两段苕藤，再在"丁"字钩笔的部位，插下第三棵苕藤。这就是红苕"丁"字窝的全部内涵，三棵插下的苕藤连线，就是一个等边三角形。农夫左右开弓，闷不作声在苕厢之上从事几何图案的雕塑。两道垄厢插完，笔直的厢垄上，就平添六道绿色的线段。

这是弓身曲背亲吻大地、手脚并用的辛苦劳作。模特走秀舞台是昂首挺胸向前走，农夫走秀大地是躬身倒退着在厢垄间左右栽插。这样的场景，凝固成雕塑，题目就是红苕。也可以命名为水稻。因为栽插苕藤与插水稻秧是一样的姿势。栽插苕藤没有进入文学视野，插栽水稻有，有一首诗云："手把青苗插满田，低头便见水中天。六根清净方为道，退步原来是向前。"一个个平平凡凡的农夫活过来，一个个平平凡凡的农夫死过去，脸朝黄土背朝青天"退步"的纪录片绵绵延延上演，为大地履行着一个神圣的诺言，演绎着亘古不变的后土之心，才置换了农耕文明的进步。

由于明末清初战乱与瘟疫，近半个世纪白沙地域几乎没有人烟，这是农耕文明中断的空荒时代。此前已有的农作物和经济作物，如水稻、小麦、茶叶、甘蔗、桃李等等，在空荒时代成了野生植物，失去了人工种植，适应性弱的被大自然淘汰了，适应性强的葳蕤生长传承下来。"湖广填四川"是重建白沙农业文明的历史标志，移民带来了新的农作物品种，官方也引进，从而构成了白沙大地三百多年来农作物的基本品类。

在外来物品的称谓上，一是取其特征，二是烙上原产地印记，这也是农耕文明的一个方面，兹举两例：

玉米亦称玉蜀黍，白沙人通称苞谷，取其外壳包裹着果实的特征。玉米是全球总产量最高的粮食作物，原产于南美洲，1531 年由广西商人引进首先在广西种植。康熙三十九年（1700）玉米传入白沙，十九世纪后半期，换种杂交玉米，总产量继红苕之后排名第二，第三是水稻。《江津县乡土志》卷四《物产》载："苞谷又名玉米，制酒熬糖作糕，有早迟二种。"

马铃薯在白沙通称洋芋，"洋"字标明舶来品。马铃薯原产南美洲秘鲁和玻利维亚的安第斯山区，1670 年左右由两广移民带来白沙。关于洋芋称呼的另一种说法是为了区分白沙本土固有的芋头，外国来的品种冠上"洋"字。此说旧时很盛行，其实洋芋属于茄科植物，芋头属于天南星科植物，不能混为一谈。但洋芋与芋头的饮食制作之法，颇有相同相通之处。《江津乡土志》卷四《物产》"芋"条载："煮烂去皮，用豆油皮包之加盐糖、香油。烘干，名芋妳，味最香美。"妳音泥，芋妳就是芋泥，其制作工序是煮烂去皮添加作料再烘制，这样的讲究，似乎是美食之城白沙的性情。豆油皮为何物？《江津乡土志》也有记载："豆有清黄黑三种，磨浆制腐煮粥均宜，为日食常用之品。用布包压干，加香料制成，名曰豆腐干。烧浆时揭取上面浮皮，名曰豆油皮，能滑肠。用白布摊腐极薄，盛木箱中压成张页，名曰豆腐皮。"这里说得明白，豆油皮与豆腐皮，虽属同类物质，但有细致分别。农耕文化衍生的美食文化，都有精工细作的共性。

清朝中后期，白沙镇作为江津县城副极的地位与作用十分明显，昭示白沙城市经济趋于成熟，这是农耕文明催生城市文明的结果。兹以江津县重建社仓来说明。

乾隆十九年（1754）白沙士民向江津县衙提出了在白沙重建社仓。南宋白沙建镇，就根据朝廷《社仓法》设立了社仓，以积谷防饥，一旦饥荒发生，就开仓放赈。南宋时期的社仓是朱熹首创的，在文明程度高的地区推广。当时的社仓不特指某个粮仓，而是一种储粮制度。根据社仓法的规定，粮食的来源是劝捐或募捐，存丰补欠。粮食的周转则是借贷的形式，一般春放秋收，利息为十分之二。历经明末清初的战乱，白沙社仓颓废了，当社会经济以农业首先复苏之后，由于白沙米帮名气逐渐增大，于是在白沙重建社仓，平时社仓积谷，借贷给米帮经营，每年秋后收回本息，只要不是饥馑年头，保障社仓积谷呈有增无减的趋势。重建的社仓位于白沙朝天嘴码头市镇边，占了半条街，白沙作为巴蜀率先复兴的大镇，担当起了应有的社会责任。据《江津县志·卷一·政绩录》载，重建社仓二年，积谷就达到一万一千九百六十八石四斗六升四合。曾受一做江津知县期间，白沙社仓积谷超过一万五千石。由于仓库装不下，于是在全县各乡设置分库，社仓积谷分存在一百六十七处，由民间推举出社首三百五十二名轮流监管。白沙米帮的账房人员，协助参与管理，与社首一道清理仓储定期造册公示社会，同时上报县衙备案。救荒之策，莫切于丰年预为储积。光绪六年（1880），江津知县国璋奏报朝廷后，作出社仓积谷新规定，凡米帮商人营销黄谷一石即出谷一升，农耕者年收谷不满十石不出社谷，十石以上依此标准捐谷以充实社仓之储备。清末，社仓积谷几达百万石。清代江津社仓由白沙倡议复兴，米帮参与管理，跨越了一百五十多年，史志并无记载贪污侵占社仓积谷的事件，其管理的严密令人赞叹。在社的储备过程中，白沙米帮功劳最大，在管理层面注入了经营意识，保证了社仓积谷的更新，这是中国封建时代社仓发展史上比较特殊的现象。

历史总是回望着白沙镇的脚印。抗日战争爆发后，国民革命军后勤总司令部在白沙设立了"驻川粮积处白沙滩积所"，利用白沙米帮建立的货源渠道囤积军粮。1942年，国民党中央粮食部要求江津县在一个月之内筹集300万斤大米作为军粮，以白沙镇为重点区域，投入紧急收购黄谷并就地加工大米和昼夜不停的水路运输，提前5天完成此非常任务。1944年8月，江津县田赋粮食管理处，在白沙东海沱建成新式储粮仓库，容量210万斤，是当时江津县最大的新式粮食仓库，被称为"万石仓"。1950年，西南局做出决定，由江津县支援华东地区粮食750万公斤，分别在白沙、油溪、中渡、城守（今江津城区）、江口集中后，由长江水路运出，其中白沙运出的为300万斤。

在上述社会经济发展过程中，作为重镇的白沙，人口的身份构成也发生了一些新的变化，产生了自耕农、地主、佃农、雇工、手工业者、商贾与游民等阶级阶层。持续了一百多年的农耕开垦活动，直接带来粮食生产的结余，粮食从而投入交换领域，这就为商品经济的发展创造了条件。这在白沙经济史上的集中反映是，粮食生产商品化，白沙米帮应运而生，加入了清朝中后期川米外运的行列，从而拉动了川盐、木材外运的盛况。因水而兴的市镇，一旦历史的机遇出现，白沙镇总是在通过川江黄金水道而实现的外向型经济中大显身手。这是一条历史规律。一个新历史局面的展开，总是为下一个新局面蓄势。白沙镇近现代的由农耕文明复兴的经济社会发展成果积累，为抗日战争时期大后方四大文化区之一的津沙文化区做出了历史积淀，这个问题有他卷丛书论述，此不赘笔。

第十一章

上川江中白沙码头的形成

白沙是因川江而兴的市镇。没有川江，就没有从宋朝一路演变而来的白沙镇，白沙拥有上川江著名的中白沙码头，其实也是重要港口。这是从古至今的白沙镇重要资源，在本书以上的相关文章里，涉及港口码头在白沙发展历史中所起的作用已有各种侧重的表述。本文拟从古代中白沙码头形成的几个重要元素进行探析，以较为集中地体现白沙古镇"江文化"大码头品质。

白沙川江险滩的治理

春秋战国之世，巴蜀秦楚之交的长江，就已有舟楫之利。这可谓是白沙码头的发端时期，所见证的是宏阔的历史潮流。《战国策·楚策一》载张仪破纵连横说楚王："秦西有巴蜀，大船积粟，起于汶山，浮江已下，至楚三千余里。舫船载卒，一舫载五十人与三月之食，下水而浮，一日行三百余里，里数虽多，然而不费牛马之力，不至十日而距扞关。扞关惊，则从竟陵以东，尽城守矣，黔中、巫郡非王之有已。秦举甲出武关，南面而伐，则北地绝。秦兵之攻楚也，危难在三月之内，而楚待诸侯之救，在半岁之外，此其势不相及也。"张仪之策，被秦王采用。《华阳国志·蜀志》："司马错率巴众十万，大舶船万艘，米六万斛，浮江伐楚，取商於之地为黔中郡。"这是白沙故地见证的出川江用兵以争胜利，可见战国时亦已通航。

"蜀道之难，难于上青天。"对此话的理解，不能只注目古代崎岖的古道，这在蜀地出川的水上门户上川江也有深刻的反映。古巴蜀时期，位于白沙上游的黄石龙和大、小糯米堆构成的系列险滩被称为蜀江第一险滩，白沙下游的龙门峡被视为蜀人出川瓶颈。龙门峡在今龙华镇，古为巴地，故称巴峡第一峡。蜀人出川，必须打破这一瓶颈，于是就有了大禹开凿龙门峡的传说，这不足为信，所以陈子昂《龙门峡》诗云："龙门非禹凿，诡怪乃天功。"天功其实是人工，是蜀王派人凿开了龙门峡，这是川江最早的疏浚工程，具体情节不可考。

关于龙门滩的来历，乾隆本《江津县志》载：长江奔流至此，为石梁所阻，形成险滩，无法通航，蜀王命工凿石梁为门，乡人以江水如巨龙穿门而过，因称龙门滩。江津建置为十二都的时代，龙门滩设为一德镇，为一都治所。一德镇的命名，就是颂扬蜀王倡导开凿龙门峡的精神。《礼记》载：富润屋，德润身。荀子也说：君子崇人之德，扬人之美，非谄谀也。《易·系辞下》载：恒以一德。意思是说始终如一，永恒其德。

古代治理险滩的办法，主要有三种：第一种"堆木柴烧石"治滩，为李冰发明。秦昭王后期（公元前256年至前251年），李冰担任蜀郡太守，在兴修都江堰水利工程的同时，对上川江上游的僰道大滩进行了整治。战国中后期，蜀国已出现冶铁业，可制作各种铁器工具，李冰在几处治水工程中，已大量使用过。但对于僰道大滩的坚石，这些铁器根本起不了作用。李冰博采众长，从民间群众中找到智慧，发明了此法。冬季水枯，水落石出，是治滩的最佳时期。运来大批干木柴和枯树枝，厚厚地堆在裸露的礁石上，点火焚烧。烈火熊熊，礁石在高温下膨胀，用醋浸湿，使其层层裂缝，最后用冷水迅速浇泼，高温下的礁石突然遇冷，骤然收缩而爆裂、破碎，再用铁器锤击、凿打。

第二种为"巨锤击打"治滩。此法发明者是南宋淳熙年间（1174—1189）任利州路提刑的张蒙。宋朝的路为一级行政区划，相当于省，利州路都督府设在绵谷县（今四川广元市）。提刑官是主管司法、刑狱的官吏，还兼管农业和桑蚕业。古代机构设置没有现在细，河道整治划归农桑，提刑官张蒙治滩便不奇怪。他在治理川江支流嘉陵江险滩时发明了此法，推广运用到全国航道险滩治理。张蒙的发明其实是一种简单捶打机械。用三根铁杆搭成脚架，置放在礁石上，杆顶悬吊一只大铁锤，外形像一只大橘子，重750公斤，用铁索连接，铁索的另一头由几个人拉住，听到"放"的口令后，拉索人一起松手，铁锤猛然下落，朝礁石砸去，随着口令再拉起铁锤，又松手砸下去，一次次地直到把礁石砸破、击碎。不把铁锤做成球形，是因为橘形铁锤砸在礁石上的接触面大、回弹小、不易滚动。

明朝时期，川江治滩出现了第三种方法——"挖洞燃煤"法，此法的发明者是湖广按察使乔拱壁和归州知州杨奇珍。我国虽然在唐朝就发明了火药，却没有运用到工程爆破中，用人力凿打礁石，难度可想而知。乔、杨两位仍然采用前人烧石的办法，不过燃烧的不再是木柴树枝，改用煤炭，体积小、火力大、燃时长，发出的热量更大。用人工在礁石上挖凿一些孔洞，把煤堆在洞里燃烧，集中了热量。达到一定温度后，再淋醋浇水，礁石立刻胀裂一层，然后逐层这样煅烧，直至成为可用铁锤凿打的块状。这种挖洞燃煤的办法，可以看作是现代钻孔爆破技术的前身。

从宋朝开始直到清末，就是用以上三种方法治理险滩。通过治滩，保障上川江通航，才有中白沙码头的存在。古志里有关白沙上游险滩的治理记载，不止是川江文化的一种反映，更贯注了传统道德教化。

白沙上游最著名的险滩名大、小糯米堆，在宋朝淳熙年间白沙建镇时期被根治，这是当时开发巴蜀的需要，可证那时白沙镇已经成为上川江重要码头。这一大一小两处险滩的位置，史志有不同的记载。民国本《江津县志·名胜》按："大小糯米堆，县西百五十里名史坝。"史坝今属石蟆镇，旧为白沙镇域。1993年中国文史出版社出版的《川江航道整治史》载："糯米堆（滩），在四川江津县境内。据《江津县志》（1985年《江津县志·交通志》）载：'大、小糯米堆，在江津县境内朱沱的岩鹰尾巴处，两石对峙，江水西来，直泻两滩之上，惊涛骇浪，危险可畏。'……宋淳熙乙巳年，常平使广汉杨公到江津，知悉大、小糯米堆为县境内川江最险之滩时，决计进行整治。"1979年4月，朱沱区划归永川，上引记载，容易造成朱沱仍属江津的误读。大小糯米堆水域，其实是江津、永川共有，南岸为史坝。1995年版《江津县志》第378页《航道·航道整治》云："长江江津段，西起羊石乡史坝沱，东至珞璜镇大中坝，流经县境127公里。……南宋淳熙乙巳年，常平使广汉杨公过境时，出金捐粟，治理大小糯米堆。"

关于大小糯米堆治理，宋朝江津酒税监王敦夫撰有《修大小糯米堆记》，被《全宋文》收录。这是古代白沙唯一进入宋文全集的文章，和唯一进入《全唐诗》的陈子昂《龙门峡》诗可谓交相辉映，是巴渝地方史及川江整治史的珍贵资料。该文载入多部史志，文字各有所异，笔者据乾隆本《江津县志》卷十三《艺文》及上海辞书出版社 2006 年版《全宋文》第 280 册卷 6360 所载校正，《修大小糯米堆记》全文如下：

江流经岷山，安行千里至巴渝，上流之极，有滩曰大、小糯米堆，中流巨石，实当其冲，高下对峙。江之西来，浩然横流，直指二滩之上，触为涛濑，喧豗震掉，危险可畏。舳舻衔尾而来，一或不戒，则与石相遇，虽有智力不能施设。

淳熙乙巳，常平使者广汉杨公持节峡道，政尚宽静，人民宜之。公又于明刑之余，广求利病，思其复有便于民，则曰：蜀江之险者莫盛于峡江一道，而是滩之险实居峡道之首。于是出金捐粟，戒属邑吏，悉用疏凿。

会春水涸，啸工趋事，烝徒奔走，欢呼鼓勇，争效其力，至于砥平。向之为患者自是而息，舟船之下安然顺流以达吴楚，无复龃龉，舟之为利，当施之无穷也。

夫大江之险，自神禹后未闻有人能致其力，而公乃能尽诚力行之，取必于成功，则公之爱人利物岂特一道而已哉，充而至于天下可也。昔西门兴利，史迁所叹；白圭壅邻，孟子不与。公之用心彰彰如是，安知异时不书之史策，深嘉而屡叹哉。敦夫董其役，目击盛事，大书诸石，以昭示不朽云。

从上文可知，宋朝时期已有"巴渝"之称，与之相对的是"川蜀"。巴渝与川蜀分野，就在古代白沙地域。以川江流向而言，即川江自蜀入渝地带，就是今之江津石蟆镇史坝沱。以文中之恭州（即今重庆）定位，正所谓"上游之极"，换言之就是今天重庆川江上游最远处。乾隆本《江津县志》收录此文时，在作者王敦夫署名前，有夹注云："承信郎粮监恭州江津史坝镇酒税"，这是王敦夫职务全称。宋代武官官阶，分为五十二阶，承信郎居于最末，为从九品小官。小官能办大事，是治理大小糯米堆现场负责人，即文中所谓"敦夫董其役"，因他目睹上司常平使者杨公捐资捐粮以供治滩之用度，百姓踊跃效力之盛，遂撰此记。至于"史坝镇酒税"云云，可证史坝在宋朝即有，乃古代地名。史料不见史坝设镇记载，但地当巴蜀川江水路节点，按北宋惯例，设置粮监酒税监，虽然名镇，但不属地方行政范畴，由武官掌管。可见北宋中叶时期，白沙镇域是粮税酒税重点区域，本书有关篇章已论及，兹不赘笔。

治滩主管官员杨公是谁，不可考；常平使者是提举常平别称，简称"仓臣"，北宋熙宁初年设置，负责管理常平仓救济、农田水利、航道疏浚等。文中"持节峡道"，即对恭州所属的巴峡航道专项治理。川江来源于蜀地，所以又称蜀江，文中杨公点评"蜀江之险者莫盛于峡江一道，而是滩之险实居峡道之首"，换成现在的话说就是：川江最险莫过于巴峡，糯米滩是居巴峡上游的第一险滩。可知古人的巴峡概念，是从长江进入巴地开始算的，白沙据巴峡上游，可见其码头的重要性。

明弘治年间，糯米滩下游的险滩黄石龙在一位云南云游高僧的募捐下得到治理，乾隆本《江津县志》卷十三《艺文》载有《黄石龙记》，作者为明朝江津籍举人夏泽。黄石龙是6华里长的一道大石梁，仿佛潜水游龙，堆积在石梁上的泥沙呈现黄色，恍如鳞甲，故名黄石龙。传说这条石龙原来是一条真龙，一从水里抬头，就打烂行船。云南高僧广惠云游到此，一天之内，看到几艘木船在黄石龙滩被撞沉，顿生慈悲，决心治理黄石龙。他即在江边石滩搭建一个草窝棚住下，向过往的客商化缘，但相信他的人很少，募捐所得非常有限。广惠并没有灰心，前往成都等地游说，一年后筹集到三百余金返回，开始实施治理。当地人这才见识了广惠的一片苦心和善心，纷纷出力帮助治滩。经过70天的施工，凿去了石梁下游容易撞船的石梁尾部，行船过此，安然无事。广惠这才飘然离开，云游他方。《黄石龙记》赞叹："僧有善力，能挽江河，而济溺也"，"因势制宜，则固无不可为之事，与不可为善之人也。"

清代时期的白沙，有乡绅兄弟，也是高僧广惠似的善心人物。《合江县志》载：道光二十八年（1848），江津白沙乡绅孙世芳、孙世瑞兄弟路过合江弥陀镇，坐在江岸岩石休息，闲看江上过往的行船。此段江心有一条千米长的石梁，横阻江流，波涛汹涌，形成著名的急流险滩，名叫罐口滩，也称神背嘴滩，是行船的大害。船工认为江中有蛟龙作怪，称石梁为九条龙。孙氏兄弟在休息期间，目睹有7条木船顺流行至罐口滩时，全部被浪打翻。兄弟两人震惊了，

175

决定捐资两万余金，向合江县衙立案治滩。孙氏兄弟俩亲自监工，耗时 7 年，滩势大减，遂无沉船。合江县衙报请川南永宁道，奏报朝廷嘉奖孙氏兄弟"利济群生"，四字刊刻江岸石壁，至今犹在。

以上举出三个典型，可知自宋及清之上川江航道疏浚，均需执政者率先倡行，而终有赖于民间大众疏凿之功。有了航道，当然就有码头船只。《墨子·辞过》说："古之民未知为舟车，时任重不移，远道不至，故圣王作为舟车以便民之事。"其实造舟造船，都出自无数不知姓名的劳动人民。

中白沙码头鼎盛时期

1996 年版《白沙镇志·大事记》载：明朝万历九年（1581），设白沙水驿。这是白沙作为川江重要码头的标志事件。明朝在重要的旱路与水路，配备有管理服务机构，管理官员叫承厅史，由中央政权直属管理，除服务商业之外，还有传递公文的重任。旱路管理机构在各个历史时期名称不一，清代以前统称驿站，清代中后期叫铺，每铺配置好马一匹，中等马三匹，下等马二匹，马夫半军人性质，每铺少者数人，多者数十人，因为交通工具主要是马，俗称马驿。水路管理机构叫桡站，简称桡，取其船桨在水路交通中的重要意义。桡站也称水驿。水驿船夫，别于其他船夫，称桡夫，实行薪金的半军事化管理。马驿与水驿，也承接货物快递业务，即史称的驿递。军事管理与商业管理并重，可见其秩序井然，从而形成古代互通有无的瑰丽风景。

由于航道通达，到清朝中期，白沙成为重庆府上游主要码头，从而进入鼎盛时期。此时川江上游南通滇黔之支流，白沙码头上溯的船只，西面直达云南金沙江大关盐津渡，由此运滇铜入京。又从泸县转入沱江，至内江、简阳、资中，抵近成都，以运川米。南道经赤水河进黔，以运川盐。白沙码头顺流而下的船只，在綦溪口入綦江，以运铁矿。至重庆转入内水即嘉陵江，通合川，连接川北水道。重庆直下，或经涪陵转进乌江，或直驶万州出三峡，通荆楚闽粤，转运河过淮水黄河抵达北通州进入北京。

这是中白沙码头鼎盛时期，"旱码头数不过李市坝，水码头数不过中白沙"的谚语不翼而飞，传播广远。那时白沙码头的盛况，可举出进出停泊的形形色色的船只来说明。

橹船，船尾用梢而不用舵，故名。小者航行川江支流，名曰小江橹船，船尾稍歪，拖着一长梢。中者分为两种型号，船身结构为长方斗形，用以载盐，可装 1.2 万斤；船尾架梢，深腹，用于运煤，

177

可载 2 万斤。大者俗称歪屁股船，可载 4 万斤至 6 万斤。

扒窝，船身条状，无顶棚构架，只用篾篷卷盖，随卷随盖，扒来扒去，故名。有四种：上行沱江者，运载粮食、生猪，洪水时载重 2 万斤，枯水时可载 1 万斤；专载桐油、药材者，船尾翘起如鱼尾，可载 6000 斤；用于行驶于赤水、习水者，专载山货特产，亦可载 6000 斤；运载供应本境煤炭、木炭者，载量 1 万斤。

桡拐子，船身长四丈八尺，宽四尺四，深一尺许，两头尖削，专以运煤下驶，激浪如飞。金银锭，船头船尾尖小，船腹宽深，状如银锭，故名。四脚蛇，船头船尾船腰等宽，四方形，载重时缓缓而行，犹如四脚蛇，故名，船工俗称"十八包"。老木楸，无架梁，船身狭窄如扒窝但小于扒窝，用于上水载货，载量不能逾 5000 斤。齐头船，船段头大，用于下水载货，载量同老木楸。

冬瓜船，大肚子形如冬瓜，故名，载重大货船，载量四五万斤。牯牛船，专用上行赤水，船身浅，没入水中如牯牛，故名，载量两三万斤。乌棒船，以形象名，用于下水载盐，多在洪水期发出，载量大者四五万斤，船行中流，颇有气势。三河船，上行峨眉、马边，载矿物、粮食，载量 2 万斤。雅河船，上行雅砻江、青衣江，载药材、山货特产，载量 2 万斤。半船，成都下驶停靠白沙码头，下行多载粮食，返程多载桐油，载量两三万斤。

冲盐棒，一名中元棒，类似乌棒船，首尾腹部为齐胴，载盐出没于川江支流，竖立白沙盐帮旗号，气势很冲，故名冲盐棒。黄瓜皮，船身涂青黄色，从船头到船尾渐次减少宽度，远观整体犹如黄瓜，故名，空船上行沱江载盐下运。五板船，形如桶，不用舵，载盐供应江津本境，速度快，能灵活靠岸。

滚筒子，头无领户，尾无船篷，空船浮于水面，望去如滚筒，故名。毛板，船尾有梢子篷，船腹宽，船口深，最大者载量 8 万斤，为远航货船，船板宽厚，貌似粗糙，故名毛板。老鸦楸，用楸木制造，船身特大而浅，吃水线上凸出，条长腹宽，有高桅，桅杆顶端加木圈似戴帽，老鸦栖息于此，故名老鸦楸，为远航货船，下水运载棉纱、棕丝等质轻货物。

黄豆壳，船型如黄豆荚，鼓出之腹部载货，多行下水。倒栽冲，船头尖小，船尾宽大，货物装载于尾部，呈后倒状，故名，逆水运货，尖小船头以减少阻力，桨手在后部摇橹以推进。此两种船，载量一两万斤。

舵笼子，旧时白沙码头最大的船，船尾略宽于船头，船身均匀而平坦，顺川江主流而下，最大载量可达 20 万斤，航线距离最为遥远。清朝滇铜运京，白沙船帮以舵笼子运载，下重庆，出夔门，过湘鄂，至扬州转进运河，北上天津，至通州起货再陆运进入北京，单程逾万里，古称"万里京运路"，跨越而今的 12 个省市，往返航程耗时半年。这是白沙航运史上艰辛的一页，更是辉煌的一章。

据邓少琴《川江古代航运的开发》，川江于清雍正十三年（1735）在著名险滩始设置救生船，船身涂以红漆，故名红船。但研究者另有他说，重庆地区清代救生船的设立，在康熙十五年（一说二十五年）。《大清一统志》卷三百三《夔州府·名宦》："许嗣印，奉天镶蓝旗人，康熙十五年，嗣印知夔州，时寇氛初靖，嗣印力事拊循，尤加意学校、修郡志，设救生船于夔、巫间。"按许嗣印，雍正《四川通志》作"许嗣兴"。雍正《四川通志》卷七下《皇清名宦·夔州府》："许嗣兴，镶蓝旗人，康熙二十五年知夔州府事，时寇氛初靖，嗣兴力事拊循，尤留心学校，纂修郡志，事多征实。又念夔、巫间夏秋江涨水险，设救生船以拯弱。"

康熙五十年（1711），白沙镇报请江津县衙于境内长江凶险水域设置救生船，江津县上报重庆府批准，始于白沙上游黄石龙和珞璜猫儿峡二处设救生船两只，每艘配置水手 2 名桡夫 4 名，由县衙划拨出挂榜山、渡头溪、柳林坝、流杯池、老龙池、官仓口等处的公田供救生船水手桡夫耕种，以保障其生活来源。乾隆三年（1738），救生船增至 3 艘，其中白沙境内的黄石龙、大矶脑共用一只；苦竹碛、观音背共用一只；石牛栏、猫儿峡共用一只。每只救生船配置水手 6 人，这时取消了公田自耕供给制，改为薪金制，每名月给工食银 6 钱，由县衙支付。这一官方参与航道码头安全管理的史料，见于乾隆本《江津县志》卷二《险滩·救生船附》记载。

清朝末年，白沙码头区域宏阔，江岸线总长度 19 华里。南岸上游起自大江转角处今机砖厂遗址江边，下游截止于东海沱东端今白

179

沙糖厂遗址江边。北岸上游起于今滩盘渡口码头西侧，下游至于今白沙火车站东边江畔。这个区域，水域面积78.75万平方米，陆上货场等陆域面积31.5万平方米。

至于古代白沙码头维护建设，不见史料记载。按照中国古代传统，大凡码头、渡口等公共设施建设与维护，其经费来源主要是募捐，邑人、乡绅、商人、官员、僧人等等皆是热心人士。对于这样一些热心于公共事业的人士，其善行义举以碑记石刻的形式嘉旌传扬。

以上仅是对白沙水码头的探析，作为川江上游腹心地带的白沙码头，从宋代以来逐渐形成了陆上商业通道，这是白沙成为著名码头的重要支撑，从中可以探究白沙码头经济、码头文化的宏阔背景。明清时期，以白沙为起点有十条陆上商道，东连重庆綦江，南走贵州温水茅台通向云南以远，西接合江泸州通往乐山，北通永川连接荣昌内江。四通八达，陆上支撑体系宏大，在此对通往贵州的两条商业古道做一点介绍，其商业古道完整版，请参1996年版《白沙镇志·交通篇》。

白温古道向南通往贵州温水，里程240华里。起点在白沙镇黄泥嘴，向南过老牌坊，走大桥场，过杨公山，下龙吟场，上蔡家岗，稍东折进入太平埂，穿清溪河谷上游，在柏林场南华盖山出寨门，过金银市，抵达川黔边境的东胜场后进贵州两路口，抵达温水。为白沙进入贵州干道，宽约3尺，多为石板大道，过马帮，走挑夫。白沙由此路运入贵州的物资有盐、糖、酒、布匹、老姜等；贵州运出的主要有粮食、桐油、卷油、芋片、棕片、山货等。津南山区之蔡家、柏林，也赖此道进出货物。

白土古道向西通往贵州土城，里程310华里。是中大路，宽4尺，唐宋秦陇商人多走此路进茅台。起点驴溪半岛马项垭，经红花店，渡狮头河，至稿子场，入合江县境，经尹家坪、王场，至合江县城；过合江县城南折，过篾溪子、现市、胡家坳，进赤水县城，穿城走复兴场、大饼滩、穿风坳、背占，经盐猴场到达土城。此路经过两座县城，为重要商业通道。白沙运进土城的物资主要有盐、糖、酒、布匹；土城运来白沙的物资主要有粮食、棕片、药材、桐油、皮张、猪鬃、海椒等。

白沙船帮及其创造的航运经济奇迹

第十二章

白沙船帮的形成与衰微

船帮的出现是在战国时期。1957 年，在安徽寿县发现了四件战国时期楚国王子启的金（铜）节，其中舟节一，车节三。舟节相当于当时船只通行的"通行证"。舟节铭文上，记有"屯三舟为一舿，五十舿，岁一返"。"舿"是一种古代运输的船只组织。这就是说，三舟为一舿，五十舿则为一百五十舟，此舟节限制一次所能行驶的舟数，每年更换一次。有了这种舟节，每一舿船只组织就可以顺利地经商通行。这种"舿"，就是船帮的雏形。战国时期，安徽寿县属楚国。川江下游为楚国蜀地，楚襄王在巫山巡游建有楚阳台。楚国向西扩展，一度越过今重庆，可见"舿"的这种初始船帮组织形式，影响了上川江。

到了唐代，"舿"的船工组织转变成了"纲"。唐朝船工组织的"船纲"，一直延续到宋代。南宋时期，白沙是朝廷划定的牛马专运码头，专运牛马称为"牛马纲"，其实就是一种船帮组织形式，不过是由官府掌控，民间船帮的特点尚不明显。

明代时期，白沙码头重点输运大米，米帮拥有大量的船只，船帮实质性形成，取代了"船纲"。船帮本来是俗称，朝廷为保证运粮安全，运粮船只按任务大小与船只大小配备军丁，定编为若干个船帮便于管理，在州府行文中出现"船帮"称谓，由此成为通称。运粮漕船是由官府租用民间船只办理，这个时期的白沙船帮，首要人物具有官商性质，白沙地域的富豪名门，在这个时期开始出现，具有因水而兴的特色。明清鼎革，天下大乱，船帮发生演变，逐渐转变成民间组织。

清光绪三年（1877），以重庆为中心形成三大木船帮派，以朝天门为界，长江上游的船帮称上河帮，长江下游的船帮称下河帮，嘉陵江为小河帮。白沙船帮属于上河船帮的江津帮。上河帮分为七帮：富盐帮、金堂帮、嘉阳帮、叙府帮、合江纳溪帮、江津帮、綦江帮。綦江河主要流程在江津境内，綦江帮其实是由江津人掌控的。上河帮鼎盛时期，有大小船只近两千艘，其中江津帮有近千艘，具有上川江霸主地位。江津帮的千艘船只中，白沙船帮五百余艘，江津帮的实力，其实是白沙支撑起来的。江津帮的历任帮首，均是由白沙人担任，白沙船帮是江津帮的核心与灵魂。

当时船只中型及其以上者挂风帆。白沙地域多竹，竹篾有韧性，强度也较好，适宜作帆幕。这是白沙对川江航运的一大贡献。发端于明朝时期的白沙竹器业，就是编织竹篾船帆形成的。用竹篾片编成扁平的帆面，竹子自重轻，不易破裂，能经风浪吹刮，升降帆幕易于起落，牢固灵活，便利航行。白沙竹器街影响所致，江津县城毗邻通泰码头也形成了一条竹器街。明清时期，白沙和县城的竹器街，是川江竹篾风帆最大的集散市场。《天工开物》所载的竹篾风帆，原产地在白沙。

船帮尊奉镇江王爷，江津船帮建立的镇江王爷庙位于长江与綦江交汇处的三角形台地上，山环水绕，水流湍急。现庙宇被毁，仅留大门等断垣残壁。大门上有一联"当前列万仞苍尖滴翠流丹为是庙别开生面，此地际两河交汇波涛汹涌仗吾神力挽狂澜"，横额"中流砥柱"。

旧时每年农历六月初六镇江王爷生日，白沙江津船帮在此举行新人入帮仪式。主持仪式的帮中长老，统称"三老四少"，先行祭祀镇江王爷杨四将军大礼，一应贡品而外，还要陈设船帮尊奉的《金刚经》《北斗经》及《道德经》，同时挂出船帮航线全图和历代掌门帮首画像。再行奉请罗祖仪式，有巫师作法，诵念罗祖词。词分三段，浅显易懂。起首为《请罗祖词》："罗祖修道栖霞山，紫云洞中炼仙丹，弟子请祖来指导，求把众生渡上船。"中段为《迎罗祖词》："宣讲圣谕退回番，一芦渡江红江边，迎请罗祖两台坐，度化弟子结善缘。"煞尾为《悬罗祖词》："弟子捧祖双膝跪，恭悬祖师升宝座，怀抱一部金刚经，虔诚诵读自无罪。"接下来有"三老四少"与新帮员合饮"义气水"仪式。船帮帮规行船时不许喝酒，只饮茶水。所谓"义气水",就是从江中舀上来的清水。虔诚仪式不用酒,这是船帮特色,是在为严肃帮规着想。仪式讲述本帮历史即"三帮九代",三与九即言其多。仪式最后,新帮员跟随"三老四少"诵读"十大帮规",其实就是宣誓。"十大帮规"内容为:第一,不准欺师灭祖;第二,不准藐视前人;第三,不准不孝双亲;第四,不准投拜二师;第五,不准嫌卑乱宗;第六,不准搅乱帮规;第七,不准盗卖按青;第八,不准记名记人;第九,不准欺孤凌弱;第十,不准奸盗淫邪。

旧时川江有红旗帮、长旗帮等船帮名目。白沙船帮兴起后,江津船帮有了自己的旗帜,旗由白、黄、黑三色构成,中间绿色水纹。白色象征船帮运输业务为川盐,黄色是黄谷颜色,象征船帮运输业务为大米,黑色象征船帮运输业务为炭木,绿色水纹象征航道。由运输主营划分,江津船帮细分为盐帮、米帮和炭材帮,船是江中蛟龙,故有白龙、黄龙、黑龙三帮之说。白沙船帮,主要是白龙帮和黑龙帮。

总体说来,船帮是松散的民间组织,却显出严密的江湖组织性。凡是船帮成员,均可在川江沿江码头享受各种优待。这是船帮得以发展的一个重要原因。白沙船帮鼎盛时期,有成员万余名,加上其家属,构成一个不可忽视的社会群体。船帮起源于清代漕运大米,本名清帮,后演变为青帮,白沙船帮所以纳入旧时帮会之青帮。船帮航运到外地,也需要地方帮会关照。上岸船夫在专门茶馆酒店落座后,客气招呼堂倌泡盖碗清茶,意即要拜会当地青帮道友,于是就会上演"家礼问答"。船帮中人,遵循"在家子不敢言父母名,出外徒不敢言师姓"。"家礼问答"过程中,辅以特殊动作,贯穿船帮约定的隐语暗号。白沙船帮的此类史料散佚了,兹从《清门考原》转录一段"家礼问答",以资参读:

堂倌:贵帮头?

来客:江淮泗。

堂倌:贵字派?

来客:通字(或答二十二)。

堂倌:令尊师(或贵前人)?尊姓上下?

来客:敝家师姓某,上某下某。

堂倌：令师爷尊姓上下？

来客：敝师爷姓某上某下某。

堂倌：令师太尊姓上下？

来客：敝师太姓某上某下某。

堂倌：请问老大贵姓？

来客：好说。敝姓潘。

堂倌：请问，还是本姓潘头顶潘？

来客：头顶潘。

堂倌：请问老大贵庵？

来客：黄氏庵。

堂倌：请问老大占哪个字？

来客：好说。兄弟占通字。

堂倌：香头多高？

来客：二丈二。

堂倌：香头多重？

来客：二两二钱。

堂倌：身背几炉香？

来客：二十二炉。

堂倌：头顶几炉？

来客：二十一。

堂倌：手携几炉？

来客：二十三。

白沙船帮的形成，主要有三个原因：一是单船运输量有限，在大码头白沙，只有组成船队才能接大单。二是船民以船为家，居无定所，必须拉帮结派才能生存。三是川江滩多浪激，遇险时必须有人倾力相助，唯有帮派靠得住。

清朝政府允许船帮存在，有着想控制船民，维护社会秩序的因素。船帮的主要使命，大致为执行官府旨意，向船工指派官差，收取杂费；掌握本码头班子，举办封建性礼教活动；出头承揽客货，与货主协商运价；订立行规条款，督促执行，调解纠纷。为了服众，船帮会首多由袍哥大爷担当。他们上与官府来往，下与地方头面人物应酬，船民大小事情均需仰仗他们出面斡旋，以求安全保障和业务关照。为此，船民必须向会首缴纳各种费用，如靠岸费、业务介绍费、船头费、红利钱等。他们还要向行帮交纳各种封建性礼教的抽头费，如阴历三月十五的财神会、四月廿八的岳王会、六月初六的王爷会等费用。

川江本是木船一统天下。19世纪末，外国机动轮船进入白沙，标志着川江航运的机器时代到来，具有进步意义，却给木船运输带来灭顶之灾。机动轮船马力大，承载力强，川江干流进出口货物和旅客，逐渐被轮船夺走，木船业务受到很大影响，船工难以维生。各船帮为了生存，进行过暴力抗争。但大势所趋，1923年前后，白沙盐商们考虑以木船运盐损失巨大，将盐全部托交轮船运输，其他客商群起效尤，木船业走向衰落，白沙船帮进入式微期。

抗战时期长江中下游失守，航线缩短。木船重新派上用场，为抗战做出了积极贡献。据1996年版《江津县志·交通志·船舶》记载：1937年江津县在长江航运的木船305只、总吨位2218吨，两年后增至702只、总吨位28776吨。这可谓是江津船帮在历史紧要关头之复现。

中华人民共和国成立后，机动船逐渐取代木船。1953年3月1日，成立白沙桡业公会，同时成立白沙船民协会，标志旧式船帮从此退出历史舞台。到1980年，长江运输不再使用木船，动听的川江号子，从此消失在历史长河中。

第十二章 白沙船帮及其创造的航运经济奇迹

明清采运楠木史料举隅

　　明清时期，因为建筑紫禁城等浩大工程，朝廷诏令在西南云贵川深山老林里采伐输运楠木到北京。白沙船帮参与了楠木运京的艰辛航程，并从中受到启发，开创了一次性的"楠板船"，缔造了中国航运经济怪异的一脉而堪谓奇迹。下面从明清史料里选择有关楠木采运的记载，来说明"楠板船"经济现象的沉重背景。

　　大规模有组织地采伐楠木是从明代开始的，史料记载有三次。第一次是永乐时期，为营建北京宫殿做准备，从永乐四年（1406）开始，由工部尚书宋礼亲至四川督促采木，永乐十四年时，"良材巨木，已集京师"，十五年六月，宫殿开工。大学士杨荣《圣德瑞应赋》云："初命需材西蜀，得大木于山谷间，运输之所难致，已而山川效灵，默佑显相，弗假人力，其木自行。"第二次大规模采伐楠木则始于嘉靖二十年（1541）至三十九年（1560），原因有二：一是嘉靖二十年四月辛酉夜，太庙被烧，于是遣工部侍郎潘鉴、副都御史戴金至湖广、四川采办楠木。二是嘉靖三十六年四月丙申，奉天等三大殿发生火灾，命工部右侍郎刘伯跃兼都察院左佥都御史，总督四川、湖广采办楠木，此次用银达 339 万两。第三次大规模采伐是万历二十四年（1596）至四十一年（1613），原因是万历二十四年三月初八日，坤宁宫发生火灾，火势迅猛，延烧至乾清宫及全部后二宫门廊，四月即遣官赴川、贵、湖广采办楠木，用银 360 多万两。三次采伐都与兴建宫殿有关，由于明代连年采伐，离溪水、河流近处容易移运的木材已被伐光。

　　黄宗羲编《明文海》吕坤《忧危疏》云："内府宫廷自须大木，而采木之苦，陛下闻之乎？臣自一木言之，丈八之围，非百年之物，或孤生万仞崖边，或丛长千重岭外，寒暑渴饥，瘟疫瘴疠，而死者无论矣。乃一木初卧，千夫难移，每日一祭神明，每行不过数步，倘遭艰险之处，跌伤压死常百十人，蜀民语曰：'入山一千，出山五百。'苦可知矣。至于磕撞之处，岂无伤痕，而官责民罚，谓不合式，依然无用，重去伐山，每木一根，官价虽云千两，比来都下民费不止万金，臣见川、贵、湖广之民，谈及采木，莫不哽咽。”

明嘉靖十二年（1533），龚辉撰《采运图前说》，开篇即云：“全蜀，古梁益之地，险厄四塞，独冠天下，唐杜、李二子形诸咏歌，至称天以拟之，固以见非人世所宜有也，乃若采取所由特异内壤、人迹不到、魑魅魍魉之区。”接着写所作图画缘起：“道里之远，程以千计；夫役之众，日以百计；供顿之繁，岁以万计。栉风沐雨，水陆疲劳，虽鸡犬亦有所不宁者。作《采运困顿图》。”“梁栋美材，天地固秘藏之，重以频年采取之，故所遗无几，崇冈叠巘，限隔高下，其为力且百倍于曩时。作《悬木吊崖图》。”“波涛泛涨，冲激四出，挽留无计，仰天太息，要之水旱俱病，惟川蜀为然。作《巨浸漂流图》。”“验收登记，比次成筏，连篘捩顶，雇募器用之类，种种各备，每筏为木凡六百有四，为竹凡四千四百有五，为银以两计者凡百四十有八，公私耗斁，莫可胜记。作《验收找运图》。”“自蜀至京，不下万里，每运为筏，以二十、三十为率，每筏运夫四十，每夫日计直十分之五，大约三年，其为直殆且六万，要皆生民膏血，日朘月削，其存几何，父往子来，曾无宁岁，出万死于一生。作《转输疲弊图》。”结尾恸呼：“噫！不身膏草野，则葬于江鱼之腹，随其所在，动若陷穽，彼青黄雕刻，木之灾也，楩楠杞梓，独非生民之灾乎？夫楩楠杞梓，爱护而保全之，徒以应营建所需之故，而伤陛下赤子，曾楩楠杞梓之所，不若每三复苌楚之诗，为之于邑。”

明嘉靖年间毛起《采木记略》记录采运楠木之艰难和耗损之情状：“凡木之行，釁牲釃酒，祈神吁天，而后系缆以挽，挽盈数百千人，终日不移寸，如饥马之齕草焉。或一行数十丈，或百丈，挽不及趋，若有神以相之。凡木之登架首，有枕木，有拨木，或中架落箐，虽盈丈之木，势如拉朽，少有完者。幸完，则施缴车绠而陟之，为功万倍。尽陆临江，谓之'点水'，千人呼唱以为幸。然江多巨石激浪，漩洑盘涡，势不可矶度，此始为成材，为水所冲折，十或减

三、四。"

明万历三十五年（1607）工部奏报大木议，可见采运楠木给楠木产地带来的巨大伤害和宫殿建筑使用楠木之多："此等巨木，世所罕有，即或间有一二，亦在夷方瘴疠之乡，深山穷谷之内，寻求甚苦，伐运甚难，今者疮痍未起，以子遗之民，任此艰难重大之役，其何以堪？……查得嘉靖三十六年间，以三殿采木，共木枋一万五千七百一十二根块；万历二十四年，以两宫采木，共五千六百根块。以今日所派，较之嘉靖年间，几于一倍；较之二十四年，多至四倍矣。多积于官，固可以待用，而并取诸民，实力所不堪，职等窃谓额派之数宜减，部文派采定为三运，其头运，部文限三十六年以内到京，而门工巨材且限春运，计期已在眉睫间，而钱粮未措，商贾未集，合式之材不知其在山在水，非有神输鬼运之术，何以卒办？且川省去京极远，奉文最迟，即水运之程，越历江湖，逶迤万里，由蜀抵京，恒以岁计，矧加以采伐挽运之繁乎？"

清朝修建宫殿，仍至四川采伐楠木，《清实录》云："采办楠木，以备大工之用。"但经过明朝采伐，楠木大材已经不多。清中期以后，楠木大料很难采得，道光四年（1824）下旨称："楠木亦难得大料，累次严催，逾期未获，势必徒延时日，致滋迟误，自属实在情形，着乌尔恭阿、穆彰阿、果齐斯欢，查明碑楼工程所需木料确数，如果现在已获起运各件，足敷应用，即可将该省未获之柏木、楠木，停其采办。"由于大量使用楠木建造宫室，资源已接近枯竭，楠木益见珍贵。

清顺治年间孙承泽《蜀中采木记》云："国家以殿阙频灾，兴采木之役，则拮据无已时。夫木，非蜀产也，产于边蜀之夷也，幽险僻绝、人迹不到之地，峥山渊谷之所隔阂也，炎霜古雪之所栖集也，虎豹之所不居也，蛇虺之所窟穴也，飞猱之所望而骇也，山精木魅之所凭依也，毒烟苦雾之所霾也。如此者，不知几千百年而后成大木，其上干霄，其围横亩，虽驱鬼中而发殇宫亦不能以取之。"

清康熙六年（1667）张德地《题报遵义属地方楠木疏略》，提到与旧时白沙镇域接壤的仁怀县深山生长有建造故宫太和殿需要的巨大楠木。疏略里的楠木产地，就是今日四面山与贵州习水县北部地区。疏略云："今造建太和殿，理应需用大楠木……据仁怀县申称，县属虽有所产楠木，皆在深岭人迹不到之处，至于砍伐，非比平地，木植可以随用斧斤，高箐之中，必须找厢搭架，多用人夫缆索，方可修巅、去顶、截根，此砍木之难一也。若夫产木处所，尽属危岩峭壁，即空行，尚须扳藤拊葛，楠木一株，动须人夫百千，方能拽动，而山路险窄，亦难立足，山势曲折，不能并走，势必开山填砌、找厢搭架，所用人夫，非比泛常。拽运工程，难以日计，此搬运之难二也。至于上筏之处，必由溪河水道，而山谷一线涧水，皆系乱石填阻，若非天雨旬日，则水不盈尺，势必从下流筑堤截壅，蓄水丈余，方可顺流拽运，然须逐路筑堤蓄水，始能前进，若遇大石阻挡，又必多用石匠凿去，相地形之高下，用转移之权变，事难程限。此上筏之难三也。"

张德地是四川巡抚，亲临楠木产地调查，从他在清康熙六年上奏的《题报采运楠木条议疏》中，可以得知当时楠木生长情况和采运情况。"窃照采办楠木，关系建殿急需，臣冒险夷方，遍至产木处所，尽为查勘……栋梁巨材各箐之中，大约皆可采办，以资国用，但其箐之大者，周围有五六百里，其小者亦有一二百里，非一朝一夕可以尽悉，必须按日细查，方可采取。如离小溪五十里至百里者，犹可采运，若百里之外者，山势愈峻，道路愈险，虽有大木，无可如何矣。""架长看路找厢。找厢者，即垫低就高，用木搭架，将木置其上，以为拽运之说也。斧手伐树取材，穿鼻找筏，人夫拽运到河，用石匠打当路石，篾匠做缆子，铁匠打斧头，与一应使用器具。一厂用斧手一百名，石匠二十名，铁匠二十名，篾匠五十名，找厢架长二十名。""楠木一株，长七丈，围圆一丈二、三尺者，用拽运夫五百名，其余按丈尺减用，沿路安塘，十里一塘，看路径长短安设，一塘送一塘，到大江。九月起工，二月止工。""三月河水泛涨，难以找厢施工，先于七月内动人夫五十名，寻茹缆皮，堆集放于厢上，取其滑，以拽其木。""夫役，宜预为召募也。产木之处，人民无几，即尽其州县之老、壮、男、妇，不过一二百人，即俱充木夫，不能运一木。况大工一举，刻不容缓，四川有土无民，久在睿照，势必于附近富庶省分召募人夫五千名，押送来川，分给两厂，拽运

191

庶人夫既足，方可按时采办，计日运解，不致有误限期矣。""斧手架长，宜提取也。查采木旧例，斧手架长俱出湖广辰州府，其斧手砍伐穿鼻，架长寻路找厢，皆其惯习，各有定法，若不得其人，木料必致扑损，势必于辰州府召募斧手二百名，架长四十名，押送来川，分给两厂，庶安顿布置得宜，而巨材易于伐运矣。""找筏完结，入江起运，宜逐省拨夫递送也。蜀省到京，水程最远，约有年余，若不逐省递送，诚恐沿路迟滞。查马（湖）、遵（义）二府小溪，俱会合于重庆大江，由重庆而下夔关，径通湖广，若木植运抵楚界，必须逐省沿途州县拨水手、人夫，递送前去，仍各具，不致玩延印结报部，庶各地方皆有专责，可无沿途迟滞之虞。"

　　唐宋元明以来，遵义府一直隶属四川省，在清朝雍正时期才划归贵州省。当时隶属四川省的马湖府辖区范围大约为今四川省屏山县、沐川县、雷波县、马边县一部分及云南省水富县、绥江县、永善县一部分，其楠木水运出川，必经白沙码头。遵义府楠木出山水路，在白沙上游是赤水河，在白沙下游是綦江河；介于仁怀县与江津县之间深山里的楠木，通过笋溪河出山。可见建造故宫所需巨大楠木，在运输流程中，江津长江水域起着汇集的重要作用，按照当时上至朝廷下至地方的督办政策，江津船帮自然担负了应尽之责。

白沙楠帮缔造的奇特航运经济

　　楠木是珍贵木材，朝廷的督办采运，工程浩大，耗费了不可计算的人力物力不说，还滋生了种种贪污腐化弊端。其种种负面影响，导致了白沙船帮中的部分人员铤而走险，干起了走私楠木的营生。于是奇特的楠板船诞生了，走私楠木的生意从明初开始，一直到清末时期。无数没有留下名姓的楠板船汉子，缔造的航运特殊经济现象，正史讳莫如深，只能用"奇特"二字来评说。烟消云不散，白沙船帮的楠板船见证了两个封建王朝的兴衰，时间跨度接近 600 年。一种复杂的历史经济现象，一部瑰丽的江湖航运野史。

　　白沙船帮的楠板船与普通木船的形制一样，敞口船舱，由挡板分隔成几格，船头船尾各置两根桡橹，船尾设一舵。尾部两格覆以船篷，铺上木板，就是船工睡觉的地方。造船的楠木板粗厚，拼合后不用俗称爪子钉的马钉钉紧，只在缝隙间灌注船灰防漏。船灰是生石灰和桐油混合物，加入煮熟的糯米，混合后放入石碓窝里反复锤炼，锤炼好的船灰呈灰铅色，见水凝固，粘合力逾后世的水泥。楠板船成型后，船身无须浸染桐油，制造工艺简单，工期短，所以楠板船就大量出现。进入桃花汛以后，溪河水涨，楠板船出山走进川江，装载货物不多以过官府通关检查，沿江而下，直下江南富庶之地，转进运河进入北国之乡，目的都是冲着稀缺楠木的地区而去。

　　貌似正常的贩运，实质上是暗度陈仓走私楠木，这就是白沙船帮发明楠板船的要义。沿途有各地船帮照应，有船帮规矩，不会来拆破其中奥秘。船靠目的地，楠板船全部拆开，粗糙的楠木板经过水泡后，色彩如新，就地高价销售。楠木板是上好木材，高级木材商人专门守候，专门购买，形成一种特殊的行业，公开的幌子叫木板船拆旧业，这是水码头司空见惯的行业。无须遮遮掩掩，白沙船帮楠木走私顺风顺水，名正言顺，即或官府中人有知道隐情者，但船帮礼数周全，同时也势力强大，拿了红包，慑于势力，也就只好装聋作哑。楠板船生意经，其实是由三个要害内容组成：一是经营者的审时度势独辟蹊径，二是江湖船帮照应呵护贯穿道义，三是官府腐败有空子可钻。

楠板船走过的是一条艰苦之路。一条楠板船上，船工按等级区分。舵把子一人，相当于船长。副舵把子一人，相当于副船长。摇橹手八人，统称搭背。为什么这样称呼？楠板船走进回水沱或者平流水域，摇橹手要全部下船拉纤。拉纤的时候肩头上要搭上一块百纳厚布以减少纤绳对皮肉的磨损，这是搭背的第一层含义。拉纤的摇橹手，为了协调一致形成合力，左手自然下垂，右手搭在前一个人的背上，这是搭背的第二层含义。跑楠板船是高收入，楠板船上的水手，收入是普通货船的10倍。楠板船舵把子的年收入，相当于中等地主。因为收入高，每天船上的五顿饭可谓奢侈，船夫水手驾长领江，一律精神饱满。跑楠板船的一族，最是豪爽的群体，拜码头会同道出手大方，该赌就豪赌，该嫖就浪嫖，沿途码头流传着一个个有关楠板船的龙门阵。这特殊的群体，赢得响当当的行业称谓：川江白沙楠帮！

之所以豪爽，是因为在拿生命冒险。楠板船制造时为了保护楠木料的完整，不使用铁钉，从而埋下了散板翻船的隐患。敢于跑楠板船，用当代时髦话说，叫"敢拼才会赢"。楠板船的真正主人，多数不是船上的汉子，船夫水手驾长领江往往是幕后商人的雇佣工。这幕后商人是谁，按照船家规矩，只有舵把子即船长知晓。所以楠木走私，就显得更加扑朔迷离，幕后操纵者是谁，付诸流水一概不知。即或有时楠板船被官府稽查，走船的死硬汉子们也会按照江湖规矩，死撑到底。幕后操纵者，或许就瞄准了船帮的这个传统，将牟取暴利的勾当，以重酬托付给了走船人。走船人是整死不当龟儿子的秉性，所以敢冒险，所以敢担当。白沙楠帮有句行话：打船多的舵把子，才是好把式。水上漂的船家，忌讳那个"翻"字，打船就是翻船。翻了船，舵把子总是最后一个离开那打翻的船，能够在白浪滔天里一次又一次捡回老命，证明本事了得。木材商家聘用楠板船舵把子，头一句面试的话就是问"打船几次"，如果一次也没有，显然经验不足，免谈。跑船的年头越多，翻船的经历成正比。在急流中搏击而出的一次性船只楠板船，被打翻的频率更高，船毁人亡，司空见惯。幕后木材商人愿意出高价，把高利润的生意，押在粗糙的楠板船上。由于高收入，白沙楠帮总是前赴后继。

伴随楠板船艰险的航程，白沙楠帮还缔造了"捞浮财"的好规矩，即"龙王财捞者得"。古谚云：捞浮财人不种田，专门等着打翻船。操这种职业的人，临河而居，水性过硬。一次性产品楠板船随时都有翻船散板的可能，船上人虽然水性颇好，但滩多浪急，遭受灭顶之灾的可能性极大。打船的告急，总是能及时到达逡巡在险要地段的"捞浮财"者的耳朵里。浪里白条踊跃而出，手执搭钩，先救落水者，救上岸后必然得到一笔报酬。最后才是捞浮财，漂流在急流里的货物，已经交割给了龙王，各人夺回各人所得，楠板船船家，绝无二话可说。

船打滩心人不悔，梦里船歌长又长。一次性产品楠板船，绝对是中国航运史上奇特的经济现象。白沙楠帮楠板船，给行业以启示，甘肃当归船即是一例。明清时期，重庆药材当归来自甘肃，输运船只自甘肃嘉陵江碧口起航，顺流抵达重庆，但由于嘉陵江落差大返程十分艰难。于是借鉴白沙楠帮船，在造船时不用会锈蚀木料的铁钉而用竹钉，船到重庆起货，即将船拆散，作为木料出售，所以中国航运史上的甘肃当归船，又名出山船，意为出山后就再不回航了。

白沙码头牛只专运及其历史延续

第十三章

南宋开启的牛只专运码头

在农耕文明的古代中国，牛的重要毋庸置疑。牛命国命，相依为命。牛的命运就像是一面镜子，折射的是国家的兴衰荣辱。西汉画像砖上的耕牛，一律健硕。唐代画家笔下的牛只，一律强壮。这两个朝代的强盛国力，至今还让国人津津乐道。南宋的中国牛，在绘画、瓷器上的形象，出现了孱弱病态。牛命证之于国命，是北方牛马供给途径断绝，国运偏安飘摇。从南宋初年起，朝廷经营的牛马重心开始发生转移，四川是三大区域之一，川江沿岸码头成为专运码头，白沙又迎来新的历史契机，在牛马专运中尽显大码头风采。

北宋建立了细密的牛马管理制度，牛马交易主要是和北方、西北方少数民族进行，实行榷茶买马，即用茶叶交换牛马。茶叶与牛马的比价，一驮茶（约合当时的 100 斤）可换 4 匹马和 8 头牛，茶马价格均不菲。在商业性质上看，买茶卖牛马，其实是一回事情。当时川茶被朝廷禁榷，但也在川江上游牛马产地少量购买马匹，主要是出于政治拉拢需要，因为这里所产之马皆"驽骀下乘"，不可备行阵之用。泸州知州何悫说："西南夷每岁之秋，夷人以马请互市，则开场博易，原以金缯，盖饵之以利，庸示羁縻之术，意宏远矣。"（《宋会要辑稿》）正是基于这样的原因，当时将这类马统称为羁縻马。

宋室南渡之初，"无复国马"，一切都得从头开始。从牛马政制度看，南宋仍然承袭北宋，但是已经发生了地域性的牛马交易重大变化。《建炎以来朝野杂记》甲集卷 18 载："故凡国之战马，悉仰川、秦、广三边焉。"南宋和北宋一样在川秦置有提举茶马司，川司设在成都，秦司先在凤州河池，后改设在兴元府。南方买马司置于绍兴三年（1133），分别在广南西路的邕州和宾州，起初置有买马提

举官专领其事，后废去，以经略安抚使代行其事。（《玉海》卷 149 《马政下》）

南宋的川秦茶马贸易与北宋时相比，发生了许多变化。建炎二年（1128），赵开主持四川财政，上书指陈茶马五害，指出官买官卖茶叶弊病甚大，只会蚀本不能盈利。于是大更茶法，实行商买商卖，茶商只需向官府买得茶引，便可持引贩茶，严禁私贩，政府只管卖引、征税，不再干预茶叶买卖。自从赵开变更四川茶法后，终南宋一代再无改变。实行的结果是增加政府收入，到建炎四年（1130），"茶引收息至一百七十余万缗，买马乃二万匹。"（《宋史》卷 374《赵开传》）这是南宋川秦买马的最高额，此后茶引年收入竟达二百万缗之多，大大超过了北宋时的水平。（《建炎以来朝野杂记》甲集卷 14 《蜀茶》）

自从张浚富平大战南宋丧失陕西后，失去了西北的主要买马场。以往北宋茶马贸易，川司提供茶货，秦司负责买马，川司极少买马，如今西北马源减少，只好增加川马额。南宋川秦买马场初为七场，即秦司西和州宕昌寨、阶州峰贴峡寨共两场，川司黎、叙、文、长宁、南平等州军五场，后将文州场划归秦司，川司增加珍州场，总计八场。从买马场看，川司多于秦司，买马额二司几乎相当，可见陕西的丧失对南宋马匹贸易影响之大。

陕西丧失，南宋朝廷川秦买马场仅剩川司买马场，也就是川司的七个牛马交易重点区域，相当于今日之川西、滇北、川南、黔北、川东南这片地区。历史大势所趋，让这片地区的牛马成为支撑南宋国运的重要资源。自北宋熙宁年间建置南平军以来，白沙镇一直隶属南平军江津县，南平军被南宋朝廷作为牛马输出场，白沙无条件地成为牛马专运码头。

从经营牛马专运细节上看，适宜征战的马匹出自川西牧场，并非白沙码头输运的大宗。南宋开发江南农业，北方带来的牛种并不适用，且因地域问题北马北牛在南方繁殖十分缓慢，于是耕牛的输运与马匹输运几乎同等重要，白沙码头的输运，就是以黔北出产的优质水牛为大宗。

从时间上看，1127 年宋室南迁，朝廷即刻做出牛马政策改革决策，事关国计刻不容缓。作为牛马输出的四川地方也即刻做出茶马政策改革具体办法，立竿见影产生重要成效。由此可以确定，白沙作为南宋牛只专运码头，也就是宋室南迁之后不久就开启了。史料不见具体时间，定位为南宋建炎初年，当为恰当。

第十三章　白沙码头牛只专运及其历史延续

牛只集散市场的纵深配置

白沙市镇处于川江冲积河谷地段，一面临江，一面靠坡，临江一面没有宽广的滩涂地面，靠坡的一面地形倾斜。这样的地理条件，决定了在牛只运输中，把牛只集散市场设置在白沙东面 30 里处的李市场，从而形成了纵深配置。这种配置除开白沙码头地理因素制约之外，更是牛只输运的需要。聚集于李市场的牛只，要做适宜长途输运的挑选，以减少输运过程中的耗损，不适宜运往江南以远的牛只需要就地贩卖处理，李市集散牛只基地，就具有了双重意义，这是牛只外运中所表现出来的精明管理意识。当官方停止牛只调运后，李市作为民间牛只经营重要市场，依然在运转。川江大码头白沙拉动地方经济发展，此为证据之一。所以有"水码头数不过中白沙，旱码头数不过李市坝"的相提并论。

李市坝在漫长的历史时间里，都隶属白沙镇，直到 1949 年才从白沙辖区分离。李市坝的来历，有一种说法是公元 848 年，唐朝名相李德裕被贬崖州，带着家小途经此地，见风俗醇厚、物产富饶，遂留下一个儿子在此安居乐业，李氏人丁历经繁衍，遂兴集镇，名李市坝。旧志载：李市坝"今古场街邻近的复古寺，建于唐代。"李市坝位于江津腹地，起自古夜郎高原走向江津大地的山脉水脉展开成扇面，在李市坝收束起苍茫和沧桑，扼守通衢大道，黔北的牛马在这里荟萃，经过遴选后再进入白沙码头外运。其中马匹不多，大宗是耕牛，故名牛市。牛市入口处，有"李相庙"。各处而来的牛马贩子，先进庙拈香膜拜，然后再入牛市。鼎盛时期，每天有上千匹牛马进出牛市。热闹与繁荣，可以想象。偌大的市镇，就为牛的交易而存在，人到街巷，小到店铺栈房，几乎都以牛来命名。

在今天李市镇街垓心，有一块数亩的平坝，就是当时的牛马市场，俗名牛市坝。一棵虬须披拂的古黄葛树斜矗在那里，蓊郁的枝叶摇曳的记忆此起彼伏。历史的牛市坝占地上千亩，数十棵大黄葛树遮蔽出冬暖夏凉的市场，坝子立着一行行整齐的条石，磨得油光发亮，石头上镂空着圆孔，为牛鼻索洞。偌大的牛市，有两条中心走廊划过，划成巨大的田字格，东西区划为交易市场，耕牛驮牛分区成排成行地拴着系着，牛贩子出没其间，通过中介人牛偏二以特有的方式谈判着，完成了交易后，就把牛牵到南北区划里，再由此发送到白沙码头。

控制牛马集散的帮会，叫牛行市。牛行市收取马匹牛只交易的管理费，首领叫牛会首。会首以下的叫牛行头，又称牛行户，其实就是购进卖出的牛马贩子。其下是牛偏二。牛偏二在行当里，排在最底层，他们受牛行户聘请，也接受乡亲们委托，把牛马带出山外，牛马在李市坝完成交易后，有的牛偏二被输运牛马的船帮聘请为牛保镖，把牛群护送到更远的目的地。

牛偏二是牛马交易和输运过程中的重要人物。"偏二"是巴蜀云贵方言中的共同语言，中国西南这多民族混居的偌大区域，不论什么民族，都能将"偏二"运用得娴熟自如，生猪交易的中介人叫猪偏二，盐茶交易的中间人叫盐茶偏二。做生意最重信义，一就是一，二就是二，三就是三。二居于卖家与买家中间，不偏向于一，不倾向于三，只倾情自己的职业道德，这就是"偏二"，其实不倚不偏不徇私情。

民俗史里，应该有牛偏二的颂歌；农耕史里，应该有牛偏二的丰碑。没有。一种空白，一种失忆，一种悲凉。三教九流上中下二十七流，找不到牛偏二的影子。先查上九流："一流佛祖二流天，三流皇上四流官，五流阁老六宰相，七进八举九解元。"这一批次，属于"人上人"范畴，牛偏二列入，是滑高贵血统之大稽。再查中九流："一流秀才二流医，三流丹青四流皮（皮影），五流弹唱六流卜（卜卦），七僧八道九棋琴。"这一拨几乎都是"智力型"，带着牛儿跋涉荒村古道的牛偏二当然不在此列。后看下九流："一流高台（唱戏）二流吹（吹鼓手），三流马戏四流推（剃头），五流池子（搓澡）六搓背（按摩），七修（修脚）八配（给家畜配种）九娼妓。"这下九流都是下层庶民，牛偏二无需去挤排座次。

没有排座次并不代表不存在，没有排座次更能见出牛偏二是色彩斑斓的特殊群体。近水知鱼性，近山识鸟音。合格的牛偏二，绝对是牛的知音贴心人。三五个牛偏二，带着数百头牛长途跋涉，是旧时牛道寻常风景。过什么关该给牛套上牛草鞋了，牛偏二心中有数；穿什么谷该给牛披上牛蓑衣了，牛偏二心中有谱。以牛为主体的行军队伍，翻山越岭，坐船渡水，靠的就是这种关心体贴。哪匹牛肚里长牛黄了，牛偏二耳朵贴在牛肚子上，一倾听就能确定其大小。某头暴力倾向明显的大牯牛该煽了，牛偏二端一碗清水，用水浇一浇牛的耳背，拍一拍牛眼睛与牛鼻子之间的间隙，然后取出叫"瓜子刀"的铜片薄刀，利索地就给牯牛去了雄势，整个过程中，大牯牛不叫不躁，阉割完成后行动如故。牛偏二的作为，太神奇，其中的非技术成分，谁也说不清楚道不明白；其中的技术成分，往往成为兽医关注的精华。所以有句老话：兽医不拜牛偏二出不了师。

牛只资源的广阔地域

　　白沙码头能输运出数量众多的牛只，在于拥有资源优势。黔北产地，都向白沙码头配置的牛马市场输运牛只，从而形成了三条穿越娄山的牛马古道。

　　第一条牛马道在今四面山进入江津境内，贵州境内起点在茅台镇，其背后是更远的云南。沿着赤水河河谷，向北至土城，东折进入今习水县大坡乡，衔接笋溪河西源头，循水草进入江津地界四面山洪海，绕过望乡台高地，进入笋溪河西支流下段茶坝河，经五棵树关口，进入中山古镇，顺流而下，过洗鱼口，与笋溪河东源支流汇合后，至中嘴。

　　第二条牛马道是第一条的分支，连接点在笋溪河西源头的习水县大坡乡，由南向北过古关隘河包桥，进入寨坝河河谷，逆流经过山间盆地寨坝，翻越两分水，衔接笋溪河东源头，顺流北行，至川黔古道隘口岚垭田，沿着河谷至四面山东峰大官岩古雁门关，进笋溪河东源上段临仙河谷，过二郎滩进入笋溪河东源下段复兴河，经复兴场，至中嘴与第一条线路合流。

　　第三条牛马道起点在今贵州遵义东南的湄潭县古湄水流域。古湄水有牛心山，位于大娄山南麓，是优良的娄山牛原产地。来自这条牛道的牛，是白沙码头输运的大宗。据清代《湄潭县志》载，为了保障耕牛对外输出，南宋朝廷在建炎年间专门委派江津籍进士袁坦任湄潭县令。牛道以牛心山为原点，循着湄水缠绵后，接入古鳖水流域，走出一个硕大的弧圈后，切入大娄山腹心，经遵义，过娄山关，抵桐梓进入古夜郎国垓心，接古僰溪流域，在此拨正方向北行，进入重庆綦江地域，在东溪古镇西逆丁山河行进，至今丁山湖北折，翻越大茅坡南麓，在北麓古僰溪西源头蓝帛河进入江津地界。

牛道循蓝帛河北行十余里,至白骡坝,过柏林场,西北下行至二郎滩,与第二条牛道合并后,沿河谷至于中嘴。

中嘴,三条牛道枢纽。从夜郎古国崇山峻岭奔流向江津大地的两条溪流在此合龙,成为笋溪河主流。合龙口名叫洗鱼口,黄沙筑成的一道悠长土梁,像一柄三棱古剑斜插在两水之间,没入水中的剑尖上时有金色的鲤鱼跃出清波,仿佛冲浪嬉戏,洗鱼口故名。笋溪两条支流合龙,意味着揖别高山深谷,洗鱼口以上统称山河,以下统称外河。在山河外河临界水域,沿岸崛起三个热闹的去处,这就是中山古镇、中嘴、牛渡河,古代合称笋溪三嘴。中嘴位置居中,故名。嘴者,口也,笋溪口岸,背倚青山,面朝碧流,风物清奇。古歌云:三洲扼牛口,水从窈窕河傍流。"牛口",就是牛渡河,专为牛道而设立。入境的牛在中嘴经过集中检疫纳税办"牛票"后,在此泅渡穿越笋溪。昔日群牛竞渡的喧嚣,有一首词可让人咀嚼。词曰:"长长夜郎溪,水悠悠,若碧玉,波光奇。万牛泅渡,携老护幼,嘶奋争先前移。看牛头点点,听呼吸声声,如潮气势。澄江浪起,一幅丹青写意。漫漫绿洲,日月辉映乾坤,人牛情相系。翠竹丛里,古树荫中,牛群白鹭偎依。和谐也天地。野花香,鸟语欢歌悦耳,哞音回荡,夕阳照牧笛起。"泅渡过牛渡河,牛群经蔡家场、过龙门嶂、趟孔目河、翻老君岗,到黄葛庙,接近了李市坝。

从大娄山云海走向李市的牛群,以一座又一座山峰为坐标,以一条又一条溪河谷地为走廊,是艰难跋涉之旅,却走出了诗意芳菲之路。牛是逐水草而繁衍的动物,各路牛群要借李市白沙口岸出山,路径总是朝面向江津展开的娄山北坡攒射而来,循水路古道走向山外的世界。牛吃多少草,就喝多少水。向巴蜀大地跌宕而来的㵲溪河谷、笋溪河谷、赤水河谷,在地理形势上构成一个行书态势的"川"字。笋溪河谷是中间的一笔,斜斜贯穿,就连接了㵲溪流域与赤水流域。都是丰茂的水草地,把线条编织得十分清晰,历史的眼光就瞄准了云贵牛借水出山的最佳线路。

牛群一边啃草,一边饮水,一步一个脚印走向李市牛市。牛的编队里,有一个打前站的牛偏二,名叫"水草官",他是探路者。如果前去的路径上生长着能使牛吃下毙命的紫云英和醉牛草,牛的编队就要改道绕行。百草之中，这是能危及牛生命的两种草。紫云英油绿绿，脆生生，水牛最爱吃，进入牛胃后却膨胀起来，能把牛胃撑胀爆裂，所以必须避开。醉牛草绿油油丛生如未抽穗的小麦，牛也爱吃，吃下之后在肠胃里分泌出烈酒般的成分，让牛醉得摇摇晃晃，东倒西歪。吃过醉牛草的牛，从此一天天消瘦，走起路来骨骼咯吱咯吱地响，再也无力拉犁耕田了，最后瘦成皮包骨毙命。牛误吃了醉牛草，解救的办法是灌老陈醋。所以"水草官"总是背负着一只盛装有老陈醋的黄牛皮囊，皮囊外面斜斜插着一只娄山楠竹筒，筒口削成斜尖，救治时盛醋灌牛胃。

牛编队向牛市集中，不是走，是磨蹭。好马不吃回头草，务实的牛无须清高讲究。水草丰茂的所在，牛群吃过来，又吃回去，牛屎牛尿是回报给大地的上佳肥料，青草吃了一茬又长出一茬，庞大的牛群磨蹭复磨蹭，似乎迷恋着不再迁徙了。山中无甲子，寒暑不知年，漫漫长长的磨蹭中，小牛犊长成了青年满牙口，青年满牙口长成了边牙壮年牛。一种经营方式，一脉商旅哲学，一幅风情画卷。

牛只输运及其历史延续

　　南宋时期从白沙码头输运的牛马，以优质娄山水牛为大宗。在白沙起运后，有几个停驻的码头，也就是输运的目的地。首站是今宜昌，第二站是今岳阳，第三站是今武汉，第四站是今安庆，第五站是今南京。白沙发运的牛只去到了南宋农耕重点发展的区域，在南宋国力增强中起了作用。

　　此时的白沙码头，虽然不是南宋造船业中的江淮四路中心，但长江航运已经有了北宋以来漕运的"万石船"。因为受川江水文限制，输运牛马的大型船只就是在"万石船"基础上改进的，其特点是船吃水线以下尖削如刃，便于破浪和探测水深，吃水线以上宽阔平坦，便于装载牛马。船上设备齐全，包括抛泊、驾驶、起碇、转帆等方面。船腰部分最为宽阔，设置了隔离舱，前舱装马匹，后舱载耕牛，整条船形如一条硕大的泥鳅，俗名"大鳅船"，顺流行驶时驰上大江主航道，速度快而行船平稳，最适宜运载牛马。船头高悬旗帜，旗上有"奉旨"等字眼，所过码头，设置有"大鳅船"专门泊位，重要港口还有朝廷派驻的牛马监钦差督运。

　　运载牛马的"大鳅船"牛马船舱有架梁，覆以箬竹叶编织的船篷，篷上开天窗，安放明瓦，牛们反刍过夜时，仰望星月清辉。架梁横跨在空际，一条条柔软的竹绳，系牢在横木上。间隔一定距离，竹绳中部，有转动的铁制圆环连接，俗称"转关"，有了绳索灵活转动的关节，拴上牛后可以随意转动，不会打绞。"转关"下端的竹绳末端，再固定一个铁环，用来拴牛鼻索或者马缰绳。船舱分为小格，一格里装载一头牛或一匹马，牛马可站可躺，也可以转圈活动。

　　白沙码头输运牛马到江南，跨越整个南宋时期。元朝一统后，北方牛马逐渐恢复供应江南，白沙码头的牛马运输才淡出历史舞台。

清朝时期，由于川盐的兴盛，内江、自贡等地盐场需要大量牛只转动辘轳提取地层深处的盐卤水，川西牧场的肉牛起不了作用，于是白沙码头牛运得以复兴，从遵义府汇集到李市坝的大量耕牛，依然经过白沙码头输运，内江、自贡是两大目的地。

这种复兴景况，一直持续到民国时期。李市坝的牛市，成为中国西南最大的专门市场，史料记载一天成交上千头牛只，可见其运输码头白沙的繁忙。抗日战争时期，白沙码头开始输运肉牛到重庆，是重庆上游最近和最大的肉牛供给地。直到 1958 年，李市坝牛市闭市，白沙码头才结束了输运牛马的历史。从南宋初年至此，时间跨度八百多年。

大码头的牛文化

　　牛马专运码头，在漫长的岁月里积淀了深厚的牛文化。旧时一年一度的牛王会，堪谓牛文化精华。其价值在于浸染了浓郁的乡愁，贯穿于农耕文明之中，成为乡土民俗最有价值的烙印。

　　白沙旧时牛王会，从农历十月初一牛王菩萨生日隆重拉开序幕，初十公祭牛王唱大戏。从初一起，乡野不论水牛黄牛，一律停止劳作，全天候放假休息，直至十月二十日。辛劳的牛迎来一年一度的长假，休假期间供养的料是精料。集镇上有古老的《牛经》出售，几页草纸，木刻墨印，似符非符，似字非字，意义古奥不明。家家有耕牛，户户买《牛经》。飘着墨香的草纸，在牛圈前焚化。于是要改建牛圈的就改建牛圈，新建牛圈的就新建牛圈，俨然"姜太公在此百无禁忌"。

　　这是繁忙而欢乐的日子，其他的活计抛开了，一切的繁忙都是围绕牛的饮食起居展开。如果哪家拖拉疲沓在牛王会时段没翻修好牛舍，就会被众乡亲判决为寡情薄义、知恩不报。牛在民俗里获得了一种尊严，并不意味着降低了人的尊贵，因为牛与在农耕文明里成熟起来的中国人的确有精神上的联系。在朴实农耕意识里，人还真不见得比牛这种动物强。所以对那些不能善待牛的人，人们不会骂他"禽兽不如"，因为这话骂得根本没有道理，而会这样骂他"你连个人都不如"。这是牛文化特有的语言系统，最有理由以牛这种动物作为一个标准，人距离这个标准的远近，也就是人与道德的距离。

　　码头袍哥舵爷是牛王会组织者，南来北往的客商是赞助者，以结人缘求得路路顺遂，远近农户牧主是参加者。牛王会会首，由知名人士轮流当值，此届年会毕，牛王菩萨由卜届会首恭请抬回供奉，周行而不怠，秩序成自然，年复一年隆重上演。

十月初十，盛会高潮。码头江边是幕天席地的大会场，最为醒目的搭建高台是主祭台。牛王菩萨由八个赤裸上身的汉子，恭敬抬来，安放在台上。牛王菩萨是乌木雕成的牛，低着头，拱着身，夹着尾，亲吻大地力耕状。

黑帽黑衣黑布鞋的道士仗黑色桃木剑登场，一边行禹步，一边念步罡口诀："不祭牛王哪成愿？不踩九州哪成罡？"其步怪异，其音激越。密密麻麻的观众引颈欣赏。皓首老者，苍颜村夫，数着道士的步子，指出八字罡、丁字罡、北斗七星罡、五步拜鬼罡，随着点评，叫好声不断。道士的步子越来越怪，吐出的口诀越来越快，呼应风声水声。观众静穆着，伸长脖子凝望。一阵鼓声，道士退场，祭台下面腾出一股烟雾，烟雾里涌上两队舞者，赤身，戴着面具，或夜叉，或山魈，总之是鬼怪装扮，合着擂翻天的巨鼓，像猛虎一样腾扑，像旋风一样狂舞。

这开场的表演，名曰"请王戏"，这是巴歌巴舞的一种。锣声脆响，舞者退场，主持人即引赞官登台，用唱腔主持，请出主祭官。主祭官多为朝廷委任的牛官，穿朝服出场。引赞官唱：拜。唱腔悠然拖长。主祭官行三叩九拜之礼，观众人山人海，均跪地叩头，没经导演却如出一辙。三跪九叩毕，燃鞭。鞭炮声停，引赞官唱：献祭。主祭官字正腔圆诵读祭文，为固定程式，内容如下："维年月日某官致祭于牛王曰：维神德隆万古，道冠百王，揭日月以常行，凡生民以沐恩。兹当公祭，只率彝章，肃展微忱，聿将祀典。尚飨。"

读祭文毕，主祭官退场，独舞者登场，手执麾幡一面，幡绘牛图，展幡以起乐部，琴瑟箫笛，清浊高下。乐起，舞者作旗舞，舞起满台旗影。引赞官从旗影中疾步趋出，唱：歌某某之章。歌部在幕后，随引赞官唱腔尾音，歌声袅起来。歌起舞部出。牛王大会舞部用舞生24人，合一年二十四节令，分为两队，从祭台左右出，至台前平坝列队，每队12人，合一年十二月。舞部合歌起舞，乐止歌落，舞者左右鱼贯没入幕后。歌舞总计五章，每章均由独舞的旗舞开启。旗舞每章变化，祭台下的群舞也是如此。

首章《知牛》之章，词为："若知牛乎？牛之为物，魁形巨首。垂耳抱角，毛革疏厚。牟然而鸣，黄钟满腔。抵触隆曦，日耕百亩。"

次章《禾黍》之章，词为："往来修直，植乃禾黍。自种自敛，服箱以走。输入官仓，己不适口。富穷饱饥，功用不有。"

三章《草野》之章，词为："陷泥蹶块，常在草野。人不惭愧，利满天下。皮角见用，肩尻莫保。或穿缄滕，或实俎豆。由是观之，物无逾者。"

四章《驽马》之章，词为："不如羸驴，服逐驽马。曲意随势，不择处所。不耕不驾，藿菽自与。腾踏康庄，出入轻举。喜则齐鼻，怒则奋踯。当道长鸣，闻者惊辟。善识门户，终身不惕。"

末章《牛功》之章，词为："牛虽有功，于己何益？命有好丑，非若能力。慎勿怨尤，以受多福。"

根植于泥土的牛文化，下里巴人与阳春白雪珠联璧合。自从人类使用耕牛以来，温驯的牛让农耕文明利满天下，人不应该浑然不知感恩啊！渝川黔通衢、上川江大码头中白沙，给历史也给自己搭建了一个感恩的平台。

第十四章

白沙白酒发展历史概况

"蛮酒"与中国白酒产业中心

关于酒的酿造，白沙地域的先民以融合的姿态，很早就从犍为郡南部地区引进而来了。清末民初，白沙白酒产量居全川第一，这是历史积淀的成果。而今一般都说江津白酒，其实江津白酒的原产地是在白沙。如果将中国优质白酒产区划定一个圈层，就可以发现而今的白沙正好处于这个圈层依托的上川江最东端，当然也就诠释了江津白酒的新生代"江小白"把大本营安在白沙的理由。

中国西南的遵义地区、宜宾地区、泸州地区和江津，是当代中国酒文化和白酒产业的中心。茅台、五粮液、董酒、泸州老窖，属于中国传统八大名酒之列。习酒、郎酒、珍酒、鸭溪窖酒、湄窖、贵州醇、安酒、黔春、筑春、匀酒、江津白酒属于国家级金奖名酒。这块区域诞生如此高密度的中国优质名酒品牌，与其地缘历史水乳交融，总是让人在沉思中意醉神驰。

关于酒的起源，醪糟与咂酒是其前身，而咂酒似乎为蒙昧人群即蛮族所发明。旧时白沙有专卖咂酒的酒店，这也是一种地缘影响现象。著名作家金庸的先祖、清代诗人查慎行，仿效李白壮游天下，乘船入巴蜀，经由白沙从赤水河进入贵州，品食咂酒，作《咂酒》诗云："蛮酒吊藤名，干糟满瓮城。茅柴输更薄，桐茗较差清。暗露悬壶滴，幽泉借竹行。殊方生计拙，一醉费经营。"

江浙人士查慎行把白沙咂酒称作"蛮酒"，反映了白沙历史地缘关系，可以与同样是江浙人士的胡小石《白沙山居》诗句"触雾浇胸宜白堕，趁墟帕首学乌蛮"参读。两位深受中国传统文化影响的著名人物对白沙历史地缘关系的认知，是以学者的眼光、文学的品咂来关照的，将白沙文化浸染了一个"蛮"字，熔铸的是地缘文化交融的漫长历程，其实并无贬低意味。

　　白沙酒的演进史，绕不开咂酒。咂酒融酒糟酒水于一坛，众人轮流用同一根咂酒杆品咂，咂咂有声更有滋味，故名咂酒。这种品酒形式，江湖气息浓重，揭开其起源，原来是军中袍泽共饮一坛酒。汉高祖刘邦利用巴蜀骁勇之士一统天下时，江津白沙故地多民族杂居，生民一律豪饮，一律好斗，被笼统称为賨民，因其秉性刚烈，遂被刘邦招募为前驱部队。賨民子弟兵带着酒坛上前线，这就是原始咂酒。咂酒一妙在于酒糟贮在酒坛中，喝干了酒水，冲入温开水继续发酵，可重复饮用几次，是移动的小槽坊。二妙在于咂酒酒精浓度不高，不会造成醉卧沙场趴下了就站不起来的后果，微醉的态势，最利于冷兵器时代军士冲锋陷阵。賨民子弟兵临战前，每小队安然坐地，轮流品咂那坛咂酒，你一口我一口，渐入微醉佳境，战场生死袍泽豪情陡升，列队参加战斗，步伐整齐而低缓，嘴里发出雄沉军歌，坦然推向敌阵。

　　这幅画面，有古诗为证：石城古国传巴子，賨语徵歌谱汉皇。石城古国传巴子，白沙地域乃巴地史证。賨语者，賨人乃巴人一支所操之方言也，白沙古音系统源头。徵歌者，军歌也。谱汉皇者，军歌渲染刘邦声威也。饮酒作歌从容而战，酒壮英雄胆而外，更是一种心理战。白沙酒话中的这阕野史，与正史中的四面楚歌参读，就更有一番味道。

开启于唐宋的白沙白酒产业

唐宋时期，江津白沙地域的酿酒业，不见史料记载。但下面这个传说故事，可证在宋朝时期，江津白沙地域的白酒就颇有名气了。

宋朝时期，江津县城北面四十里有名山白君山，宋代江津贤县令白启被江津人民尊称为白君，卒葬于此故名白君山。白君后裔为其守墓，筑屋定居，时称白家院子。院内有好井，取水酿酒成佳酿，白家遂以酿酒为业，名白君酒，此乃古代江津唯一存名目之美酒品牌。酒糟养猪，肉味绝美，号称酒香猪。两宗产业遂使白家致巨富。然白氏人丁不旺，仅余一房独子单传，其父人称老白员外，独子人称小白员外，父子天性，判若云泥，父乐善好施，子为富不仁。一日，一癞头和尚托着一只大如斗的钵盂前来化缘，声称要美酒满钵盂。老白员外二话没说，即叫仆从将一坛好酒倾倒入和尚钵盂中，和尚接口便饮，转眼一斗美酒全下肚去。众人正惊悚其海量，和尚却转身紧步到水井边，俯身一阵狂吐。小白员外见污染了酿酒水源，正要发作，那和尚涌身往上一跃，凌空飞越，转眼渺如黄鹤。众人才知遇见了神仙。再看那水井，哪来污染？水汽氤氲中，袅起酒香，井水成为美酒。水井围栏上，神仙留诗曰：为善有好报，白水成佳妙，势利眼无珠，来年再调教。老白员外宅心仁厚，取井水当美酒卖，酒价降低九成，相当于水价，生意大好，富裕如前。小白员外一双势利眼，为此天天与父亲争执，老员外痛悔生子不肖，怄气伤肝成痼疾，遇见神仙后刚好一年即辞世而去。小白员外正在筹谋提高酒价，癞头和尚突然降临在水井边上，小员外跪迎，企盼神仙再赐好处。神仙笑眯眯开口：还有什么不足，我能满足。小白员外答：井水当酒卖，没酒糟喂养酒香猪。神仙转身，对着水井喃喃自语后，腾空即逝。小白员外扑到水井边，以为又有奇迹出现。还真是奇迹：

原来裹着酒香的水井，变回了一潭清水。井栏上，神仙留诗一首：天高不算高，人心高一梢，井水当酒卖，还嫌没酒糟。

井水当酒卖只是神话，但好水才能酿好酒确是真理。酿酒的好水，有三种可上品格：一是老井水，二是山泉水，三是溪涧水。江津槽坊多，谁见过槽坊取水酿酒？没见过。原来槽坊有老规矩，深夜子时取水，不许外人知晓。半夜三更子时分，乃时刻的中点，一边属阳，一边属阴，唯有此时，才能得天地之灵气，所以是酿酒取水的最佳时刻。这有什么科学依据？说不清，道不明。

旧时白沙槽坊出新酒，必选双日子，俨然双日开市，取其吉利。槽坊匠人，统称烤酒匠，其中技术顶尖领班者，称烤酒师。酿酒名烤酒，煮熟的高粱加上酒曲，密封在大酒瓮里发酵，温度很高，犹如烘烤，烤酒一说，取其酿酒最重要环节命名，切中要害。大瓮里什么时候新酒成了，烤酒师总是拿捏准时。时辰到了，就抽去酒瓮下面的隔板，新酒滴沥而下，叮咚叮咚落到酒池里，犹如山泉空灵脆响。出新酒之际，若适逢外人打酒，这还未勾兑的第一瓶酒，叫问新酒，免费。一如旧时白沙大茶馆清晨开门第一碗茶，叫问早茶，免费。

元代以来的白沙白酒

历史积淀，就有了酒国春城中白沙的名号。元朝开巴蜀酒禁，得地利的白沙在巴蜀率先规模酿制白酒。明清时期，白沙酿酒业鼎盛，民国继其盛，使江津县成为巴蜀白酒重要产地。白沙为江津白酒原产地，产量高居江津白酒 60％以上。清末诗人赵熙《白沙》诗云："十里烟笼五百家，远方人艳酒堆花；略阳路远茅台俭，酒国春城让白沙。"十里沙城，参差五百户酒家，远方的诗人，艳羡沙城美酒，瑰丽如花。富庶的略阳去路遥远，茅台酒产地似嫌贫瘠，酒国春城好去处，还得数川江中白沙。

抗战时期，白沙多安置文化名流，台静农、胡小石、唐圭璋、卢前诸公讲学于斯，时有"驴溪出书生，白沙出醉鬼"之谓。白沙酒好源于驴溪好水。旧时驴溪沿岸，鳞次槽坊，栉比酒肆，为古镇槽坊街。驴溪白酒，俗名槽坊酒，注册红茅烧，入口燥烈如刀，细品香浸五脏，力透六腑，乃上世纪四十年代蜀中名酒。胡小石有《红茅烧》诗云："江村地僻足人烟，一饮红茅斗万钱，日日街头逢醉客，去年谁道是凶年。"胡乃中央大学文学院长，其诗无足而走，传播旷远，其时学者名流，以品白沙红茅烧为幸事，呼此酒为"烧刀"，屡屡见于诗文。他在白沙还研创了豆花鱼，用以作红茅烧下酒菜，宴请文化名流，被誉为绝配。抗战胜利后，豆花鱼制作技术被带回南京，成为南京名菜，名曰胡先生豆腐，至今犹存于《金陵菜谱》之中。同期，有"江南才子"之称的卢前来白沙执教。卢前饕餮君子，善吃嗜饮，流寓白沙两载，著有《饮虹乐府》散曲集，白沙美食美酒，多入此书中。

《江津县文史资料选辑》第五辑第 100 页记载民国时期白沙酿酒业盛况："当时尤以白沙烧酒驰名，因白沙镇在江津县城上游 90 华里，滨大江南岸，镇有小溪名驴溪，经化验，系软水，宜酿造，所产白酒，清澈见底，各地酒商，均标出'白沙烧酒'的招牌，人人争相购买。"

1996年版《白沙镇志》第173页记载："清光绪年间，白沙盛产白酒，畅销省内外，居全省首位。民国四年（1915），全镇烤酒槽坊200余家，全年产酒1000万斤以上，所产白酒多数由行商购买外运，销省内的雅安、嘉定、叙府、重庆和湖北宜昌、武汉，湖南长沙，贵州赤水、习水、遵义、贵阳等地。这些地区酒业坐商，均挂出'白沙烧酒'的招牌，群众争相购买。"

白沙酿酒业对社会经济的贡献

白沙酿酒业的发展，促使了运酒专用竹筏的产生，各地争相仿造。邓少琴先生《川江古代航运的开发》中，将其列为古代川江船筏船具之首，诠释记录甚详，兹转录如下："清代由白沙上溯嘉定（今乐山）专用载酒之竹筏，法以楠竹削去青皮，使体重减轻并避免日晒分裂，用竹约二十余根，宽约一丈，排列成筏。筏头略窄一尺，翘高二尺。身上缚小架以安放衣服用具，夜寝其上，顶盖篾席以蔽风雨。筏之头尾，各置木制之艄，以备转弯折角，拨正流向。此外则为楠竹剖开，宽约寸许，留青去骨，厚约二三分，具有弹性，能收卷自如之篾，称为'火掌篾'，长约四五十丈，圈置筏上，于上水行筏，用以牵挽，纤夫十余人不等，艄公前后一人，前一人兼司炊爨。筏上无阻水流之物，筏身透水，不起阻水作用，虽经险滩，小有起伏而平浮水面，至为稳定。白沙用驴溪清泉酿酒，酒味香烈，以'堆花烧酒'著称。当其盛时，有槽坊号称三百家，下行销运宜昌，上行销运嘉定。上行之酒专载竹筏，每载二十缸，每缸三百斤，约吃水五六寸，比船运至为安全，酒运至嘉定，尚分销雅安、成都。时至清末，岷江流域如犍为、嘉定，各自仿造，无事远求千里搬运，而竹筏为之歇业。就近世而言，以竹筏运货下行者，以青衣江、长宁河为著，形制大致相同，用以载货，则在筏上设有货架，常放下水则两侧架桡，推进之方，有所变更，如青衣江者是。"

白沙酿酒业对历史经济社会的贡献，集中体现在酒税上。北宋中叶白沙建置镇以后，逐渐成为有税额镇，到南宋时期，所纳酒税也相当可观。清朝时期，始有白沙酒税的零星史料分散在史志里，清光绪年间出版的《江津乡土志》对此的记载，纳入"土贡"条目，可证这是酒税不断加重的时代。事实上，清朝在经历了康、雍、乾盛世之后，到嘉庆、道光之时财政状况已日益不佳，道光二十年（1840）发生了鸦片战争，自此财政日益见绌，只能增加赋税。在这种情况下，清后期的酒税也就出现不断加重的趋势。清后期开征的新税以厘金为最著，咸丰初为了与太平天国作战遂有厘金之设，对通过关卡的货物征收厘金税，原则上税率为值百抽一，对酒亦以百分之一为率进行征课，即"酒厘"。

清朝末年和北洋民国时期，酒税缴纳币种为银圆。清末酒税厘率为每100斤0.8银圆，到北洋政府时期，增至30倍，即每100斤白酒厘率为银圆24元。1915年白沙年产白酒1000万斤，1万斤白酒纳税2400元，1000万斤纳税2400000元。这是巨大的税源。到民国后期的1945年，江津县白酒税收由白沙白酒承担三分之二，是年江津县酒税总额为法币53719844元，其中白沙酒税达法币23581322元。（参《江津县文史资料选辑》第五辑第100页）

1915年，白沙进入驻军防区制时代，进驻军阀不断加重酒税，致使酿酒业萧条，至1929年，仅存槽坊四十余家。1934年9月2日，白沙发生大火灾，槽坊街被烧毁，仅余9家槽坊恢复白酒酿造，白沙酒业由此进入衰败期。抗日战争时期，槽坊增长为25家，多数生产军用燃料酒精，白沙白酒退出川酒行列，优质饮用酒从上游自贡、泸州等地运进。中华人民共和国成立后，白沙先后建设了3家国营酒厂，白酒生产有所回升，到1985年三家酒厂年产白酒313.6万斤。此后，白酒产业重心逐渐转移到江津县城附近，白沙三家国营酒厂次第解体，酒国春城中白沙成为历史记忆。